北京大学新中国留华校友口述实录　丛书
夏红卫　孔寒冰　主编

中罗两国的桥梁

罗马尼亚前驻华大使罗明
和汉学家萨安娜口述

孔寒冰 编著

北京大学出版社
PEKING UNIVERSIYT PRESS

图书在版编目(CIP)数据

中罗两国的桥梁:罗马尼亚前驻华大使罗明和汉学家萨安娜口述/孔寒冰编著. —北京:北京大学出版社,2016.5
(北京大学新中国留华校友口述实录丛书)
ISBN 978-7-301-27078-3

Ⅰ.①中… Ⅱ.①孔… Ⅲ.①中外关系-国际关系史-史料-罗马尼亚 Ⅳ.①D829.542

中国版本图书馆CIP数据核字(2016)第080088号

书 名	中罗两国的桥梁:罗马尼亚前驻华大使罗明和汉学家萨安娜口述 Zhong Luo Liang Guo de QiaoLiang
著作责任者	孔寒冰 编著
责任编辑	丁 超
标准书号	ISBN 978-7-301-27078-3
出版发行	北京大学出版社
地 址	北京市海淀区成府路205号 100871
网 址	http://www.pup.cn
新浪微博	@北京大学出版社 @培文图书
电子信箱	pw@pup.pku.edu.cn
电 话	邮购部 62752015 发行部 62750672 编辑部 62750883
印刷者	北京市松源印刷有限公司
经销者	新华书店
	889毫米×1194毫米 32开本 9.25印张 260千字 2016年5月第1版 2016年5月第1次印刷
定 价	59.00元(精装)

未经许可,不得以任何方式复制或抄袭本书之部分或全部内容。
版权所有,侵权必究
举报电话:010-62752024 电子信箱:fd@pup.pku.edu.cn
图书如有印装质量问题,请与出版部联系,电话:010-62756370

"北京大学新中国留华校友口述实录"丛书编委会

顾　　问：朱善璐　林建华
编委会主任：李岩松
编委会副主任：夏红卫　孔寒冰
编　　委（按姓氏笔画排序）：

丁　超　马　博　王明舟
王　勇　王　博　宁　琦
任羽中　孙祁祥　孙秋丹
李宇宁　张　帆　陆绍阳
陈峦明　陈跃红　周　静
孟繁之　项佐涛　赵　杨
贾庆国　高秀芹　康　涛
蒋朗朗　韩　笑

主　　编：夏红卫　孔寒冰

"北京大学新中国留华校友口述实录丛书"
总序

中国的儒家讲究"己欲立而立人，己欲达而达人"的仁道，这一直是中华文明处理与外来文明之间关系的伦理原则。在我看来，"立人"与"达人"的精神，正是我们毫无保留、尽心竭力培养外国来华留学生的思想资源。几千年的历史发展使中国形成了开放包容、和谐共生的文化传统。在这样的传统之下，中华文明不仅有极强的学习能力、调适能力，而且具有高度的文化自觉和自信。我们既能够诚心诚意地当"学生"，也常常是其他文明的"先生"。在中外文明交流互鉴的过程中，"留学生"扮演了十分重要的角色。比如，大家都熟知的"遣隋使""遣唐使"就曾极大促进了中华优秀文化走向世界，也深刻影响了东亚地区的历史进程。

北大是近代中国向西方学习的产物，更是中华文明自身发展演进的结晶。大学之所以成为大学，最根本的就在于她具有穿越时空的精神力量和文化价值。大学精神的影响不仅局限于校园之内，更有助于生成和塑造一个民族的精神内核和文化品格，也在某种程度上代表了一个民族对外的形象与对世界的承诺。从创办之初，北大就怀抱着"为五洲万国所共观瞻"的国际化抱负，既致力于"西学东渐"，又始终积极推进"东学西渐"。一百多年来，一代代北大人以开阔的视野和胸襟，秉承着为中国也为全人类培养一流优秀人才的崇高使命，积极发展留学事业。1952年9月，"东欧交换生中国语文专修班"14名外国留学生的建制调整到北京大学，从那时开始，一直到今天大力实施《留学中国计划》和《留学北大计划》，燕园里的外国留学生规模不断扩大，办学层次和教育质量不断提升，先后有来自超过190个国家和地区的逾6万名留学生曾在这里求学问教。北大校园里汇聚了来自五洲四海的青年才俊，大家相互尊重、相互学习、和谐相处、共同进步，使北大真正成为文明交流对话的重要桥梁。

在留学北大的外国校友中，涌现出了很多杰出的代表，比如，现任埃塞俄比亚总统穆拉图·特肖梅先生在北大完成了他的本科、硕士和博士教育。李克强总理到埃塞俄比亚访问时，赠送给他的礼物是北京大学的画册。很多媒体说，这是"师兄弟"会见。我本人也不止一次接待过穆拉图总统。他对北大有很深厚的感情，这种深情，不亚于任何一个中国学生，让人非常感动。德国著名汉学家罗梅君教授在北大学习多年，在中国近现代史研究，特别是中国马克思主义史学在20世纪40年代的发展研究方面，取得了重要成果。我也曾与她多次交流，以她为代表的北大培养的汉学家，热爱中国、理解中国，而且为促进中外学术文化交流做出了不可替代的贡献。CNN北京分社前社长吉米先生，从北大毕业后在《时代周刊》、CNN等知名的外国媒体任驻华记者，多次参加中国两会等重要活动的报道，采访过中国的许多国家领导人，在帮助世界了解改革开放以来的中国方面作出了巨大贡献。他对母校的事情非常关心，2010年至今担任北大国际校友联络会会长，把自己40多年收藏的几百本书捐给了母校。巴勒斯坦前驻华大使穆斯塔法·萨法日尼先生，先在北大学习汉语，后来攻读学士、硕士、博士学位，之后多年担任驻华大使。他和其他许多在华担任外交官的校友一起，为中国和他们所在国之间的友好交往付出了许多努力。多年来，他还坚持从自己繁忙的工作中挤出时间，为母校开设阿拉伯语课。塞尔维亚"东方之家"的副主席玛丽娜校友，20多年来精心耕耘，为中塞文化的传播和交流作出了巨大贡献，2014年12月，李克强总理访问塞尔维亚时还接见了她。在一次会面中，玛丽娜校友曾向我这样讲："我觉得，我既是塞尔维亚人，也是中国人。北大就是我的家。"据统计，从北大走出的国际校友中，担任所在国家部级以上官员及驻华大使的超过50人，活跃在当今汉学界的大批汉学家和孔子学院的外方院长都有在北大留学和从事研究的经历，还有更多的国际校友从事教育科研、公共管理、医疗卫生、经贸合作、新闻媒体等领域的工作。

北大有这么多优秀的留学生校友，这是北大的财富，是中国的财富。这些留学生校友，已经成为不同国家不同行业的栋梁人才。与此同时，他们还是加强中国同世界各国友好往来的桥梁和纽带。他们既是视角更独特的见证者，也是中外文化交流的探索者和践行者。他们讲述着也在书写着中国的故事、北大的故事，他们的经历、他们的成就、他们的思想与情感，都在帮助世界更加全面客观地了解和认识中国，也在帮助中国更好地走向世界。因此，用口述历史的形式，收集和整理北大来华留学生的留学记忆与中国故事，有着重要的学术价值和现实意义。这些生动的记录和个人化的叙事，不仅是对宏大历史的补充，也是十分宝贵的史料，必将有助于北大系统梳理来华留学教育工作在不同历史阶段的发展历程和人才培养成果，也为理解新中国的政治、外交、文化、教育历史，提供一批很有价值的资料。

一直以来，北大都非常重视留学生校友工作，在国际合作部专门下设了一个留学生校友联络办公室，负责联络、服务留学生校友，也注意总结梳理开展留学教育的历史经验，并以出版物的形式整理留学记忆。1998年北大百年校庆时，北大就曾出版了反映留学生学习生活的画册及录像带《海外学子在燕园》。其后，以110周年校庆和纪念新中国接收外国留学生60周年为契机，我们又先后出版了《红楼飞雪：海外校友情忆北大》和《燕园流云：世界舞台上的北大外国留学生》两本文集。这些出版物形象生动地展现了来华留学生的风采，其中蕴含的理念、梳理的历史、总结的经验也已经成为北大外事工作者重要的积累，而且还在全国高校以及海内外几十万北大校友中引起了很好的反响。还有三年时间，北京大学即将迎来120周年华诞，在这个具有重要历史意义的节点上，学校正式启动了"北京大学新中国留华校友口述实录计划"，邀请相关领域的专家学者，对留学生校友中有代表性的人士进行访谈、记录、整理、出版他们的故事。

习近平主席指出："新中国成立以来特别是改革开放以来，党和国家高度重视留学事业，制定和实施一系列方针政策，推动我国留学事业取得了令人瞩目的成绩，留学事业为我国改革开放和社会主义现代化建设作出了重要贡献。"留学工作是我国教育文化事业的重要组成部分，随着中国在经济社会文化的快速发展，国际地位不断提升，国际影响不断增强，留学生工作的地位还会更加重要。"西海东瀛涨落潮，万国衣冠舞九韶",北大将把实施国际化战略作为学校发展的根本战略,始终坚持立足中国、面向世界、内外融合,努力为世界培养更多具有北大底蕴、中国情怀、国际视野的高素质人才!

最后还希望说明的是,口述史是针对个人在特定的场域空间内对社会和事件表述的研究,在一定程度上超越了民族、种族、国家、性别、年龄等现代"分类技术"的控制,能够真实地呈现行动者在一定社会背景下的社会行动和社会记忆,具有独特的学科特征和研究优势。在策划、出版这套丛书的过程中,编委会提出,要始终坚持严谨的态度,尽最大可能突出其学术价值。不仅忠实于受访者的讲述,并且通过访谈第三方、查考档案资料等方式进行考订、补充,更好地还原历史。此外,在整理过程中,努力保持文字的鲜活,使之可信也可读。当然,由于水平所限,丛书中难免存在不少错谬,敬请方家批评。

谨以此丛书献给所有关心、支持、参与新中国来华留学事业的国内外朋友,献给北京大学120周年校庆!

北京大学副校长、丛书编委会主任 李岩松
2015年8月

Contents | 目录

001 | 引言

004 | 第一章　我们的家乡和我们的早年

019 | 第二章　一起到中国留学

029 | 第三章　燕园岁月与一生情缘

065 | 第四章　随罗马尼亚领导人访华

112 | 第五章　给访问罗马尼亚的中国领导人当"拐杖"

182 | 第六章　中罗关系曲折发展的亲历和见证者

221 | 第七章　致力于中国历史文化研究的史学家

254 | 第八章　传承父母事业的子女

284 | 致谢

引 言

罗明是罗马尼亚著名汉学家、前驻华大使罗穆鲁斯·扬·布杜拉（Ramulus Ioan Budura）的中文名。萨安娜（Anna Ava Budura）是罗明的妻子，同时也是罗马尼亚著名的汉学家、中国近代史学家。1950年，他们与另外三位罗马尼亚青年一同赴华留学。在清华大学学习了两年汉语之后，他们转入北京大学，罗明在中文系，萨安娜在历史系。1956年毕业之后，罗明进入罗马尼亚外交部工作，1980年代初任过驻华使馆公使衔参赞，1990年任罗马尼亚驻华大使。在半个多世纪的外交生涯中，罗明几乎为所有罗马尼亚主要领导人和中国的主要领导人作过翻译或陪同，见证并参加构建了中罗友好关系。萨安娜先后在罗马尼亚外交部、驻华大使馆和罗共中央历史社会政治科学研究所任职，主要从事与中国文化、历史有关的研究工作，1983年获得博士学位，论文题目是《论1931年至1945年间中国人民的抗日战争》。

罗明夫妇有一对儿女，他们都出生在中国，刚回到罗马尼亚时甚至不会说罗马尼亚语。女儿达迪亚娜·伊斯蒂奇瓦亚(Tatiana Isticioaia-Budura)，中文名字是罗家幸。上世纪70年代，她留学于北京大学历史系，成了妈妈的校友。儿子扬·布杜拉（Ioan Budura），中文名字是罗阳，70年代末80年代初在北京语言学院获得学士和硕士学位。他们毕业后都在不同的领域为中罗两国的友好关系和文化交流而默默地工作着。达迪亚娜的丈夫叫维奥雷尔·伊斯蒂奇瓦亚（Viorel Isticioaia-Budura）。维奥雷尔70年代先后留学于北京语言学院、南开大学和北京大学，毕业后进入外交部，2002年出任罗马尼亚第14任驻华大使。

2010年4月，我随周其凤校长率领的北京大学代表团访问波兰和罗马尼亚。到达布加勒斯特的当天晚上，罗明和萨安娜夫妇在罗马尼亚外交人员俱乐部设家宴款待代表团全体成员，达迪亚娜和罗阳也出席了。席间，罗明先生深情地讲述了好几个为毛泽东、朱德、刘少奇、邓小平等老一辈领导人做翻译或当陪同的情景片断。由于专业的方面的敏感，我对他讲的十分感兴趣，提出愿意将他经历的中罗关系以口述历史的方式记载下来。罗明先生欣然答应，周校长也表示非常支持。回国之后，我全力以赴做与这个口述历史相关的各方面准备。在罗明大使和罗马尼亚驻华使馆协助下，在北京大学校领导及相关部门的支持下，我于2011年8月专程到了布加勒斯特,对罗明大使夫妇及其子女做了为期两周的采访。本书就是根据对他们的访谈以及他们发表的一些回忆文章整理而成的。

第一章　我们的家乡和我们的早年

罗明：1931年11月8日，我出生在特兰西瓦尼亚毕霍尔县的一个工人家庭。1914年，我爷爷和他的弟弟一起去了美国，在那里待了六年，主要从事建筑工作，参与建造了不少大楼。

1920年，我爷爷回到罗马尼亚，用积蓄下来的18美金买了一块地，盖起了一座小小的房子。直到今天，这座房子仍然保留在那里，只是很旧了。我爷爷奶奶养育了三个子女。除了爸爸之外，我还有一个叔叔和一个姑姑。与我爸爸很早就离开了家乡不同，我叔叔和姑姑始终生活在一个叫布坦的小村子，直到60年代去世。我爷爷的弟弟没有回罗马尼亚，而是留在了美国，在那里娶

毕霍尔

妻生子成家立业。不久以前,他的儿子——也就是我的堂兄——率领代表团到布加勒斯特访问期间,还来到我家做客,就在隔壁那张餐桌上一起吃的饭。现在,我们还时常通信。我堂兄曾经在美国军队服役,当过上校军官,主要负责人造卫星、间谍卫星等方面的侦察工作。虽然是美国国籍,但是,我堂兄保留了原来的罗马尼亚姓氏,并没有改成带有英语味道的名字。我的外祖父是木匠,外祖母是当地小学校长的女儿。他们的五个孩子当中,有三人后来成了教师,而且都有一种很浓厚的民族感。在我出生的那个村子,我舅舅就是小学校长。

我爸爸上过七年小学,毕业后离开家乡上了四年的职业技术学校,后来就当了铁路工人,最早是开火车的司机。我妈妈读了七年小学之后又上了职业初中,但后来一直没有外出工作,是普通的家庭主妇。在我小的时候,孩子们上了四年小学之后就可以上中学。如果没有条件上中学的话,特别是在农村,那么,他们还可以继续再学三年。这样学了七年之后,人们的文化程度就可以达到一个比较高的水平。

成长的环境对我一生都有影响。我是在一个铁路工人家庭中长大的,所以,对铁路有一种特别的感情。前面说了,我爸爸是铁路工人出身,开过火车,后来当了铁路局的领导。所以,我们家不管住在哪个城市,都始终是靠近铁路。我对铁路工人有特殊的感情,很喜欢火车,更喜欢铁路工人的集体。你知道,在罗马尼亚,铁路工人一直是社会主义运动的重要支持者。因此,我可以说从小就像爸爸那样站在社会主义这一边了。

另外,我外祖父非常注重教育,妈妈上了七年的学校,舅舅和姨妈中有三个人当过老师。所以,我从小就受到了良好的家庭教育。我的名是罗马帝国第一个皇帝的名字Romulus,他也是罗马城的奠基人。居住在特兰西瓦尼亚的罗马尼亚人,有一定文化水平的多半都给他们的子女起一个罗马人的名字,因为罗马人的名字不容易改成匈牙利语调。小时候,父母带我到教堂接受洗礼。神父说对他们说:"Romulus,这不是一个信徒的名字,你们再给他另外起一个基督教信徒的名字吧。"于是，我就又有了一个名字，叫Ioan。父母给我起Romulus这个名字的理由，就是要强调我们是罗马尼亚人。在刚上小学的时候，我所朗诵的第一首诗是这样的："我是罗马尼亚人，我活到什么时候都是罗马尼亚人。罗马尼亚是我的祖国，我很喜欢生活在这个国家。"那时，我才4岁。

上小学的时候，一到暑假我就回到农村，有时是在我爸爸出生的那个村子里，有时是我妈妈出生的那个村子里，同我的堂兄弟或表兄弟一起过着很简单、很朴素但也很快乐的生活。他们都是穷人，没有多少财产。我舅舅和我舅妈共生育了15个孩子，但7个夭折了。在妈妈的故乡时，我就同这8个表兄弟姐妹一起生活。所以，我对农业，对农村生活，对农民有着深厚的感情。上个世纪60年代的时候，萨安娜曾陪我回老家去看我爷爷当年用18美元买的那块地和建在这块地上的那座房子。我特别兴奋，向她讲述我童年的故事。我对萨安娜说："你看，这是我睡觉的地方。我们要进去看看。"在萨安娜的眼里，这座房子对我来说简直就像是一座皇宫。我每当讲起在农村待的那两个月的时候，一年的其他十个月好像都不存在了似的。

正是因为有这样一些因素的影响，我同铁路工人，同农村中的知识分子和那些双手粗糙、衣着非常朴素的那些农民都有着非同一般的关系。我4岁时，爸爸就当上火车司机了。我家就在车站旁边,他开的火车就常常停靠在我家的后院附近。七八岁时,我就提着一个饭篮子,给爸爸送饭菜。我爷爷、我爸爸都是非常严格的人,各种规矩我都必须遵守。记得有一次,我爸爸开的火车就要起动了,我拿着饭盒刚跑到站台上,车站的站长已经举起绿色的牌子,发出了开车的信号。当时,我离他的火车只有10米,可他没有等到我把饭盒递过去,便把车开走了。通过这件事,我记住了哪怕仅仅晚几秒钟也是误点。

1940年8月,按照德国和意大利两国外长在维也纳协议的结果,特兰西瓦尼亚划归了匈牙利,我们不得不离开故乡。早在1940年5月10日,罗马尼亚庆祝国庆的时候,匈牙利就派飞机监视特兰西瓦尼亚地区的活动。到了8月30日,匈牙利的宪兵已经进入了当地,在街道上已经可以看到他们在站岗。他们有时甚至开枪示警,当时的气氛相当吓人。8月30日那天下午,我姨妈坐马车来接我和弟弟到她们住的村子。这个村子正好属于罗马尼亚的领土,姨妈当时是村里的小学校长。我爸爸妈妈则收拾好家当,把它们装上铁路部门提供的车厢,运送到要去的地方。我和弟弟坐着马车走了一天,傍晚才到达姨妈家所在的村子。可是,第二天有人说这个村子也被划归匈牙利了,我们只好再坐一辆牛车前往邻村的小学校长家。天不停地下着雨,我们感到格外凄凉。在那里待了两三天之后,我们又获悉姨妈家所在的那个村子还留在罗马尼亚境内,于是,我们又坐车回来了。村子的边上有一个小水沟,它就是罗马尼亚同匈牙利的边界。大概是1943年,我再一次来到这里的时候,同村里的小伙伴一起在那条小河沟捉鱼。玩得高兴了,我们就忘记了这是一条界河,有些人不小心越过了国界。我们回来的时候,罗尼尼亚的边防士兵就问我们:"你们干什么去了?是不是越过了国界?"他们知道我同小学校长的关系比较好,没把我怎么样,但其他三个小朋友则受到了惩罚。

特兰西瓦尼亚西北部被匈牙利占领后,我们全家不得不逃到另外一个小城镇,在那里住了差不多一个月。那个时候,我们还不知道究竟会逃亡到哪里。后来,我爸爸选择了罗马尼亚西南部的一个叫卡兰塞贝斯的小城市。当时,我9岁,快要上三年级了。在去卡兰塞贝斯的途中,我既紧张,又很伤心,一路上在每一个比较大的车站都看到有许多从罗马尼亚西北部逃亡过来的难民。到了卡兰塞贝斯之后,当地的人对我们很好,在生活上给予了很多帮助。我们家在这儿住了一年。卡兰塞贝斯这儿有一个很有名的师范中学,很多周边的农村青年来这个学校读书。但是,在这所师范中学的大部分青年学生是铁卫军的支持者。几个月之后,1940年11月,罗马尼亚发生了地震,毁坏了许多建筑,包括一些关押犯人的监狱。正因如此，乔治乌-德治以及其他的一些共产党政治犯都被转移到了卡兰塞贝斯。这样一来，在卡兰塞贝斯最有名的，一个是边防军营地，另一个是师范中学，第三个就是监狱。这三个地方都在卡兰塞贝斯的市中心。又过了一年多，我们家搬到靠近铁路的地方，离车站和机车库房很近，在这里住了差不多五年。我在卡兰塞贝斯上了两年小学、三年中学。在上中学时，除了一年级之外，我都是得过奖的。上中学的第一年，大概是因为不熟悉新的学习环境，我还挨过爸爸的打。但到了第二年，我就变好了，获得了学校的二等奖。

就是在卡兰塞贝斯住的时候，我开始接触了乔治乌-德治等罗马尼亚共产党的领导人，这也意味着我从比较小的时候便开始接受革命思想了。乔治乌-德治他们原来被关在离布加勒斯特六十多公里的多夫塔纳监狱里。1940年11月那场地震之后，乔治乌-德治等共产党人被转移到了卡兰塞贝斯监狱。这所监狱还关着一些技术熟练的裁缝和皮鞋匠，我妈妈不止一次到那里请他们给孩子们做衣服或修理皮鞋，因为他们的收费很低。1941年冬天，乔治乌-德治和他的同志们出现在我们学校的院子里，为学校砍取暖的木柴。课间休息的时候，我非常喜欢同他们说话。直到今天，我还保留过乔治乌-德治当时的照片。乔治乌-德治知道我是铁路工人的儿子后，对我态度非常好，因为他也是铁路工人。乔治乌-德治让我跟他坐在一起，我们谈了许多，主要是他询问我家庭的情况。但是，有一天他问我："你有没有我可以看的书？请你给我带来。"那时候，我每一年都是得奖的学生。所以，我就把二年级的奖品之一，丹尼尔·笛福的《鲁滨逊漂流记》送给了他。乔治乌-德治非常高兴并且感谢我。乔治乌-德治这个人对待人是非常友好的，当时他已经坐了八年牢了，非常想念他的两个女儿。他对我非常好，我那时完全没有感觉他像一个坐牢的，是政治犯。我们交谈时，周边负责看管的警察也没有打搅。

1944年，战争快结束的时候，苏联军队路过卡兰塞贝斯，从这儿再往西边进攻。当时，我跟打到这里的苏联人并没什么特殊的交往，只是有几个苏联军官住过我们家的房子。我爸爸的俄语虽然说得不是太好，但还可以表达他的意思。我爸爸告诉苏联人他是铁路工人，同情社会主义思想。所以，我们家并没有遇到苏联人的刁难。

但是，苏联军队进入罗马尼亚各个城市的时候，都给当地人造成了不少麻烦。差不多也就在这个时期，我爸爸正式加入了罗马尼亚共产党。早在1943年的时候，他到布加勒斯特接受了3个月的职业培训，回来后当上了机车车库的副主任，1944年成为主任。再往后，他当

罗明就读的铁路中学

过罗共区委第一书记,被任命为西南区机械动力部门负责机车的主任,1947年又被任命为布加勒斯特铁路总局机械动力部的副主任。同年,我们家搬到了布加勒斯特。我爸爸同布加勒斯特铁路部门的领导人比较熟悉,所以,到了布加勒斯特,我就进入铁路总局所属的中学继续读书,又学了三年,直到1950年毕业。中学毕业后,我就应该上大学了。

萨安娜:我是匈牙利族人,出生在特兰西瓦尼亚的锡比乌。我的父母和祖先都是匈牙利族。但是,我们家庭同时也是一个很典型的特兰西瓦尼亚的多民族的家庭。特兰西瓦尼亚这个被喀尔巴阡山围绕的高原有着非常复杂的历史,根据考古证明有5000年的历史。罗马尼亚人的祖先就在这儿居住过,特兰西瓦尼亚可以说是罗马尼亚民族诞生的摇篮。有关在这儿居住的匈牙利族,历史学家们认为,住在东喀尔巴阡山的东南角的那一部分估计是匈奴人的后裔,叫塞库伊人。他们大概在6-7世纪左右定居在这里的,过着半军事、半农业,组织性很严格的生活。9世纪,来自东方的七个马扎尔人部落定居在特兰西瓦尼亚以西的潘诺尼亚草原。过了几个世纪,这些部落统一以后,接受天主教并于公元1000年建立了一个匈牙利王国。这个王国间歇地也统治了特兰西瓦尼亚。在近千年的历史中,匈牙利族族人在特兰西瓦尼亚同罗马尼亚人和日耳曼移民一起生活,对特兰西瓦尼亚的政治,经济,文化发展做出了重要的贡献。1918年,罗马尼亚实现了民族国家的统一,把摩尔多瓦、瓦拉几亚和特兰西瓦尼亚三个公国合并为大罗马尼亚。在这儿住居的三百万左右的匈牙利族也就成了罗马尼亚的公民,享受着跟罗马尼亚人一样的权利。

我的祖先是塞库伊人,族谱上记载的最早的前辈是18世纪末在古其路伊山区居住的一个地主。他有一个儿子和一个女儿。这两个孩子都不听服从他的安排,而按照自己的心愿结了婚。儿子娶了一个罗马尼亚牧民的姑娘,女儿则嫁给了在他们家做瓦匠的一个日耳曼族佣人。她就是我爷爷的妈妈。我爷爷只上了两年师范学校,后因为家穷交不起学费,就跟他爸爸学做木匠了。

所以，他还是个手工业者，后来也把自己的儿子们送到城里学手艺。我爸爸出生于1884年，因为长得比较瘦小，因而决定学裁缝，后来还真成为很有名的裁缝。爸爸当上了裁缝之后，就离开了故乡到锡比乌定居，直到1933年去世。

我出生在1931年。那是一个很不好的年代，正好是世界经济危机发生之际。我爸爸为了能有自己的房子，就跟银行借了钱。我爸爸去世之后，由于钱没有还完，银行就把房子收回了。所以，我跟妈妈还有三个姐姐流落了街头。后来有一天，我母亲眼里含着泪水向我讲起这次凄惨的经历。那天正赶上下大雨，我们四个小孩就坐在街头哭，没地方去。我的童年生活就这样子开始的。后来，我的三个姐姐陆续开始在纺织工厂里工作。那个时候没有什么社会保险，也没有退休金。所以，我妈妈就只能靠她灵巧的双手，有什么工作就做什么工作，这样才把我们养大。有关我妈妈的家族，我了解得不多，只知道也是赛库伊人。我外祖父是一个水磨坊主，妈妈生于1888年。她三岁的时候，外祖母在生下第12个孩子的后病死了。后来，外公又结婚了，继母把她和她的姐妹兄弟都给别人了。所以，我妈妈童年时代也是特别的苦。但是，她还是很善良的。一般来说，一个人生活艰苦，就会认为别人运气比她好，容易嫉妒别人。可是，我妈妈却不是这样，她拼命地劳动，非常辛苦地把我们养大。她很喜欢读书,但她自己没有多少机会读书,于是就让我们好好学习。我记得她每天晚上,无论怎么累,她一定要读她喜爱的世界文学中的古典小说,然后才躺下睡觉。像妈妈一样,我也养成了这个习惯,晚上不看几页文学作品,我睡不好觉。我还有一个姨妈住在锡比乌,她是我妈妈的姐姐,跟我妈的关系很好。她嫁给了一个塞库伊人,育有一子一女。其中,女儿长大后嫁给了一个日耳曼人。

再说说我出生的那座城市锡比乌。它始建于12世纪,在特兰西瓦尼亚算是个大都市了。17世纪,土耳其和鞑靼人曾对这座城市发动过多次进攻,但只有一次是成功的。锡比乌有上城、下城之分。我们家住的是下城。锡比乌是萨克森人和其他日耳曼族人共同建立的。据说古罗马帝国时期,这里有一座城堡,后来的移民就在这座城堡基础之上建立了这个城市。许多移民都是匈牙利的国王邀请来的,这是历史事实。在那个时候,特兰西瓦尼亚这个地区处于匈牙利国王的统治之下。

匈牙利国王请了一部分萨克森和其他的日耳曼族人来,把他们当作客人并给予了他们很大的特权。所以,锡比乌城里的手工业者主要是萨克森人,锡比乌也成为特兰西瓦尼亚的重要手工业城市。这里居民有日耳曼人,匈牙利人、罗马尼亚人。有一段时间日耳曼人最多,有一段时间匈牙利人多,现在百分之九十二以上都

锡比乌城

是罗马尼亚人。在此居住了800多年并创造先进文明的萨克森人和其他的日耳曼族人,于20世纪70~80年代离开了这里,回到他们祖先的故乡去了。锡比乌的特点是一座真正的欧洲中世纪文明的城市。

开始时,我家住锡比乌的城墙之外,因为匈牙利的手工业者移民来到这个城市的时候不能住城里,萨克森人不欢迎他们进去,不愿同他们竞争。当时,我们家住的那条街叫"白菜街",后来又搬到了"伊利莎白街"。那里的院子我都很喜欢,因为每一座院子都像一个堡垒似的,有很结实的大门,很长的院子两旁有大小不一样的房子。这个院子是我儿童时代的乐园,有树可以爬的,有很多地方可以捉迷藏,还可以做很多游戏。再后来,我家搬到了一个座有450年历史的老房子,它位于加工皮革的行会所在的那条街上。最后，我家又搬到"城楼街"的院落里。那个院子也非常大，有前后两个门，前面若有危险，后门就可以救命，逃跑。我经常跟罗明讲，这些院子可以说是一个小世界，住在这些院子里有犹太人，有罗马尼亚人，有萨克森人，还有我们匈牙利人。所以，我们在孩童时代就了解了各民族的风俗习惯和生活方式，学几种语言是很自然的事。萨克森人讲的是德语。所以，我也学会了德语。

所以，相对别处而言，锡比乌这个地方在民族关系方面还是比较融洽的。第二次世界大战期间，当欧洲大部分的国家民族歧视和仇恨达到顶点的时候，在锡比乌这儿的各个民族仍像以前一样过着一个互相了解，互相尊重的生活，还是照常在我们的学校学习，各种宗教的教堂里还是照常开放做礼拜。我没有经历过民族歧视和民族仇恨。我妈妈也经常说："你不要看别人讲什么语言，你要看他的本质。他的本质好，你就应该尊敬他，他是一个好的劳动者，是一个很忠诚的人，你就应该尊敬他。"所以，我家里面的亲戚朋友中哪个民族的都有，我们觉得说什么语言都无所谓。

由于家境贫寒，我是在天主教乌尔苏拉德国修女办的幼儿园和小学上的学，学的是德文。所以，我学过古老的哥特文书法，现在很少人能读那种书法的文字了。后来，因为战争的关系，我不得不换到另外一所也是天主教修女给贫穷孩子办的学校读书。那个时候，罗马尼亚还没有国家专门为少数民族学生开办的学校，所有这一类学校都是教会办的。我在这所学校读书一直到1948年。1948年，在苏联军事占领下的罗马尼亚按照苏联教育体制进行了改革，教会办的这些学校都取消了，我只好去了克鲁日，在一所师范学校继续读书。当时的克鲁日既是特兰西瓦尼亚的文化首都，也是罗马尼亚的重要教育中心。

第二章　一起到中国留学

罗明：我在布加勒斯特上的那所中学的历史比较特殊，因为它属于铁路总局的。所以，学校不远的地方就是铁路，还靠近一个叫"红色格里维塔"的铁路工厂，学校周边都是铁路工人居住的房子。后来，铁路总局变成了交通部。在这所中学读书的那段时间，我是班里学习比较好的学生。我快要毕业的时候，为了有计划地发展社会经济，罗马尼亚政府决定派几千名学生到苏联和其他人民民主国家留学。我所在的那个班有6个学生被选上，其中就包括我。另外，我们班还有4~5个人被挑选上了军事学校。几年之后，我弟弟也被选中上了军事学校。被选派出国留学的学生都集中在一起，住的一个由原来王宫的马圈改造而成的宿舍，当时有2000人。不过，这些人并不全是去苏联，其中一部分人要到其他人民民主国家。

当时，政府选派我们留学时目的地国家中并没有中国。我们后来能到中国来留学，那是多亏周恩来总理的一封信。这封信改变了我们的一生命运。

大概是在1950年4—5月间，捷克斯洛伐克领导人向周恩来总理提出来互派学生的要求。过了不久，波兰也提出了类似的要求。在这种情况下，周恩来总理向所有东欧人民民主国家政府提出了互派学生的建议。1950年6月，罗马尼亚领导人也收到了周恩来总理的信。周恩来总理在信中说，为了促进两国之间的交流，中国和罗马尼亚双方互派留学生，以熟悉对方国家的语言与文化。中国已经准备好了，要派五名学生到罗马尼亚学习罗马尼亚的语言、历史和文化等，希望罗马尼亚方面也能派相应数量的学生到中国来，学习汉语和中国的历史、文化。这些留学生们学成回国之后，将会帮助中罗两国领导人的接触，也有助于两国之间的经济贸易往来。

根据周恩来总理的建议，罗马尼亚政府决定也像东欧其他人民民主国家那样，选派五名学生到中国去学习。我也不知道自己为什么被选上。当时，被选拔出国留学的许多同学都已经知道自己去哪国了，有的到莫斯科的大学，有的要到列宁格勒的大学，还有的去东欧其他人民民主国家的大学，唯独我的去处还没有着落。因此，我就去团支部问情况，这到底是怎么回事。团支部负责人问我叫什么名字，然后说你赶快去一趟教育部。我到了教育部之后，有一个专门负责派出留学生的小组接见了我。他们问我："你愿不愿意学一门外国语言？"这是一个我从来没有想到过的问题，因为我一直想要学铁路、工业、技术方面的专业。不过，我当时还是有一种精神准备，那就是不管分配我学习什么，做什么工作，都必须接受。所以，我回答说："当然，我愿意学。我是罗马尼亚西北部的人，对德语，匈牙利语比较熟悉，可以学习这些语言。""哪里，哪里，不是学习那些语言。你觉得学中文怎么样？"那个时候，我还不知道接受学习中文这样一个建议后来会怎么样，对中文一点儿印象也没有。不仅如此，在此之前，我对中国也没有什么了解。在中学读书时，我只是学了一点中国的地理历史方面的知识，所有这些在课本里也不过有三、四页的样子。所以，他们提出让我到中国学习中文这个建议的时候，我完全不理解这个建议的意义，更不清楚它会给我带来什么样结果。

罗明

但是，按我们家里的习惯，我还是得征求一下我爸爸妈妈的意见。当时，他们正在外地休假。于是，我坐上火车到了那里，把这事儿告诉他们。他们听后对我说："好，你去吧。"回来之后，我也没有说什么。教育部门知道我会同意的，不会有什么顾虑。

萨安娜：1950年夏天，我正在准备高中毕业考试。突然有一天，我被叫到一个由罗马尼亚工人党克卢日县县委会及劳动青年团代表组成的委员会。他们问我想不想继续学习，我回答说："我当然想继续下去。我即将从师范学校毕业，所以我想在教育学院攻读残疾儿童教育专业。"他们的下一个问题让我激动不已："你想不想出国留学？"当时我兴奋得都喘不过气来，我只是个无父无母的孤儿，出国留学是我连做梦都不敢想的事儿，我当然愿意。委员会会员劝我回家跟亲戚商量一下，过几天再给他们答复。我突然像长了翅膀，飞奔回宿舍。那天晚上我没吃没睡，一直望着满天的星斗，梦想着未来。又过了几天，我来到委员会，对他们说："我非常愿意出国留学，并对此感到非常荣幸。"一位年龄较大的同志微笑着告诉我，等高中毕业考试结束后，他们会把相关决定转告给我。听到这

萨安娜

个消息后,我对未来充满了希望,这也使我更加认真地准备考试。一个月后,委员会通知我去首都布加勒斯特参加一个在那里举办的俄语夏令营,这是专门为那些要去苏联或其他人民民主国家留学的学生而设计的。那时,俄语是所有社会主义国家相互交流的官方语言。夏令营结束后,我本应该到苏联的一所教育学院攻读残疾儿童心理学专业。不过,就在这时,我的命运发生了巨大的变化。到布加勒斯特之后,我获悉,国家要从我们这些准备去苏联的学生中挑选一些人去其他社会主义国家学习。当时还有人问我,你要好好想一想,你可能去不了苏联,因为派往苏联的留学生的人数减少了一半,由2000人减至1000人。在这种情况下,有关部门建议我去中国留学。

和罗明说的一样,在此之前,我对中国的了解非常少,只知道中国有长城,听说汉字的写法很复杂。当时,罗马尼亚有这样比较流行的看法:中国人对文化非常重视,比如把汉字都印在了衣服上。所以,中国人虽然很穷,但认识字的人还不少。另外,我记得很小的时候我们家有一枚中国的印章,是我三姐买的。我姐姐自豪地说:"这是我的东方之神。"母亲去世后,我的两个姐姐把我和妈妈住的房子分了,我现在也不知道那个印章弄到哪去了。在我的印象中,这个印章上端是一个狮子。另外,我在图书馆还看到过一些中国和日本的风景照片，身体苗条的姑娘举着伞，非常漂亮。我很喜欢这些东西。但总的说来，我对中国还是了解的很少，中国的一切对我来说都很新鲜。很遗憾，我妈妈没有看到我去中国学习，否则，她一定会非常高兴。

罗明和萨安娜：根据罗中两国领导达成的协议，罗马尼亚选出了第一批包括我俩在内的五个赴华留学生。比起前往苏联和东欧其他社会主义国家的学生来，我们这五个人的待遇非常特殊。根据罗马尼亚政府同中国政府签订的协议，该发我们多少钱，给几件衣服，住在什么地方等等，都有明确的规定。这比去苏联和东欧其他人民民主国家的罗马尼亚学生的待遇要好得多。8月末，来罗马尼亚的中国留学生到达布加勒斯特市，受到了热烈的欢迎。同我们一起集训的同学，慢慢地也都走了，有的去了苏联，有的去了其他人民民主国家。接下来就轮到我们了。

1950年11月15日，我们和另外三个同学无比兴奋地登上了前往中国的火车。火车从布加勒斯特出发，先到雅西，在那里换上了苏联的宽轨火车。那时雅西到基辅是的火车还是沙皇时代制造的，车厢里的椅子都是木头做的。到了基辅之后，我们换上了德国制造的火车，条件就好多了。到了莫斯科，罗马尼亚驻苏联大使馆的工作人员专门在车站迎接我们，安排我们住在著名的米特洛普尔高级宾馆里。到莫斯科后的第一天晚上，在莫斯科学习的罗马尼亚学联主席和罗马尼亚大使馆的两位官员在宾馆设晚宴招待我们。这位学联主席就是1989年以后成为罗马尼亚总统的扬·伊利埃斯库。我们吃饭的那个大厅,几个月前毛泽东主席在那里为包括斯大林在内的苏联领导人举行过答谢宴会。所以,我们感到非常荣幸和高兴。

在前往莫斯科的途中以及在苏联这几天,我们有这么一种印象:罗马尼亚与苏联虽然在高层领导人之间,在领土等问题上有一些争端,但是,两国的普通的老百姓出于一般的人性,还是互相尊敬的。所以,在火车上,我们不止一次感受到苏联人对我们的热情招待。这是很重要的,因为后来罗马尼亚一直与苏联保持着比较友好的关系。

在莫斯科停留了几天后,我们接着继续坐苏联西伯利亚铁路上的火车,走了半个月,11月30日才到了北京。到了满洲里,接待我们的是中国外交部的代表张联女士。我们非常喜欢她,她的肤色白白的,脸红扑扑的,对我们非常客气,接待得非常周全,很像我们家里的人。所以,大家对她的印象非常好。张联女士后来成为中国驻斯里兰卡的大使。吃完晚饭后,中国方面为了照顾我们生活习惯,给我们安排的屋子是很大的,床是很软的。我们离开布加勒斯特以前,罗马尼亚政府发给每个留学生一套衣服。负责这项工作的人知道苏联比较冷，所以，发给去苏联留学的学生的衣服就比较厚实。但是，他们不知道中国的气候情况，就看了看世界地图，说中国的纬度跟意大利的差不多，到中国去的学生不需要太厚的衣服。所以，他们发给我们的衣服都是比较薄的。结果到了中国的满洲里之后，我们冻得够呛。张联女士马上跟北京联系，说我们的衣服太薄。我们到达北京的当天晚上就有裁缝给我们量衣服，24小时之内我们就拿到了棉袄、鞋子、手套、帽子等。

我们坐上火车从满洲里到了哈尔滨，然后又从哈尔滨前往北京。当时陪同我们的还有两个人，一个是铁路部门的，另一个是军人。中国政府非常注意我们的安全，这方面以后还会提到。到了北京，中国方面迎接我们的有全国学联、共青团，还有罗马尼亚大使馆参赞和秘书。在北京的头三天，我们住的地方是原来北京大学校长蔡元培住过的四合院。中国教育部为我们举行了一个欢迎宴会，有关方面的领导在讲话中都希望我们能为发展中罗两国关系的发展做出贡献，我们每个留学生也都发言表了态。我们知道中国的战争刚刚过去，经济情况是比较困难的。在这样的条件下，中国还这么周到地照顾我们，给我们准备那么多、那么好的东西，我们是非常感动的。罗明在发言中说："我们这几个人将会成为罗中友好关系的支柱。"但是，罗马尼亚参赞认为说支柱不太好，于是，他就把这种翻译成"我们一定要成国罗马尼亚和中国之间的桥梁"。

我们是第一批到达中国的东欧国家留学生,其他东欧国家的留学生是后来陆续到的。

我们罗马尼亚来的五个留学生是三个女生两个男生。另外一个男同学比我们大一岁多,他的爸爸是地下党员。他对语言的兴趣并不是特别大,所以,后来就学了经济。毕业后,他主要做罗中贸易关系方面的工作,也做过罗马尼亚驻华使馆的商务参赞,对发展罗马尼亚和中国的贸易作出了很大的贡献。大概在十年前,他去世了。另外两个是女同学。一个到了北京以后身体就不怎么好,但学习非常刻苦努力。经过两年语言学习之后,和我一样也去了北京大学历史系学习。不过,她只

罗马尼亚五位留学生初到中国时的合影

学了两年，没有毕业就回到罗马尼亚了。回国后，她在布加勒斯特对外文化协会工作。遗憾的是，由于身体不好，她去世得比较早。另外一个女生比我大两岁，是一个犹太人，她一家都跟地下共产主义运动有关系。她的哥哥是一个高级领导，特别是在新闻界影响比较大，是他将自己的妹妹派到中国留学的。当时，她中学还没有毕业。但是，她到中国后，学习非常好，在中国学习了六年。毕业回到罗马尼亚之后，她创立布加勒斯特大学中文教研室，是罗马尼亚教中文的第一个老师。另外，她还将不少中国的古典文学作品翻译成罗马尼亚文。在罗中文化传播方面，她做了大量的有益工作。但是，她身体也不好，在精神方面也有一些问题。很早就退休了。退休后就在家翻译东西。1990年初，她与世长辞了。今天，当初罗马亚最早的五个留华学生，只有我和罗明两个人还健在，并积极地继续工作。

第三章　燕园岁月与一生情缘

萨安娜：中国是我们的第二个故乡,我和罗明是在中国上的大学,谈的恋爱、结婚并生下了我们的儿女,我们自己的家最早就安在中国。

1950年11月30日是我们终身难以忘记的日子。在那个寒冷的清晨,我们终于到达前门外的老北京火车站。有很多人来迎接我们,其中大部分是年轻学生。我们心里十分感动。那个时刻对于我来说就是一个节日。两国人民间的友谊和团结使中罗两国之间的距离消失,在我们周围都是亲密的朋友。中国教育部、新民主主义青年团与全国学生联合会的代表先带我们来到北京大学的红楼。刚一到北京,我最深的印象是北京的灰颜色太多了。早晨，天空好像是灰蒙蒙的，人们身上穿的衣服也是没有颜色的，差不多都是灰黑色。我们到了住的地方，我们对北京的印象开始改变了。我们被安排在红楼旁边一个四合院里住。那座四合院真的特别漂亮，水池里有荷花，还养着鱼。后来我们知道，这个四合院就是中国20世纪杰出知识分子、北大前任校长蔡元培先生的故居，可见教育部对我们是多么的重视。

我们在这个四合院只是临时住了三天，但深切地感到了中国人的亲切好客态度。中方为我们安排了一系列让我们尽快适应新环境并能帮助我们初步了解中国历史的活动。我们每天都在北京欧美同学会的食堂吃可口的西餐。我们还参观了颐和园、故宫等一些名胜古迹，在

东欧国家留学生在颐和园的合影

故宫博物馆看到了本来只能在书本上才能看到的中华艺术精品。

教育部和各个青年组织为我们举行欢迎晚宴。这一切使得我开始意识到出国以前交给我的任务的重要性。其中，我印象最深的是参观故宫。那个时候，故宫还没修复好，颜色还不是那种大红色的，但是能感觉到它的历史烙印。我们去看了午门并且爬到上面。在午门上面有许多中国古代的兵器，如长矛大刀等，非常大。我当时就问："这么重的兵器，能有人拿起来吗？"这样疑问不是没有道理，因为三个男同学一起都抬不起来。不过，也有人说："可能中国古代有人能拿起来吧。"这件事对我产生很大的影响，使我对中国的历史产生了浓厚的兴趣。那天，我们还去参观了太和殿，看到了皇帝坐的那个宝座。那个时候故宫里面的土很厚，也没人打扫。当时去故宫参观的人也很少，门票一毛钱一张。后来我们再去的时候，都是从天安门进去，从北海出来。我对那个珍妃井最感兴趣，当时就想这个井口那么小，珍妃怎么就能跳下去呢？我后来还写了一篇关于她的小传并且发表了。我认为珍妃这个人的背景很深。

在这些难忘的日子以后，我们搬进了清华大学。我们前往清华大学的时候，教育部的黄新明处长、全国学联的一个女同志和两个男同志陪我们一起去。当天晚上，邓毅、杜荣老师和我们一起吃了一顿饭。到了清华大学，我非常高兴，因为我们住的是清华学堂，条件非常好。那是一座德国古典风格的二层楼房，清华大学建校时最早的宿舍，也是清华大学的标志性建筑。不过，当时我并不知道清华学堂是怎么回事。最近我写了一篇关于清华大学历史的文章，里边提及到了清华学堂，很快就要在罗马尼亚发表了。当时的清华学堂既是办公场所，但也有学生宿舍。1981年，在参加清华大学庆祝建校70周年的时候，我和罗明还专门去看了当时我住的那个宿舍，现在已经变成教学的地方了。我们刚住进清华学堂的时候，觉得那个宿舍太大和太空了，有一个工友给我们烧取暖的锅炉。当时清华大学的取暖条件并不好，学校里面只有早上半个小时、晚上半个小时的暖气。但是，学校方面非常照顾我们女留学生，所以额外在我们宿舍里放了一个煤炉子。宿舍楼里有厕所，也有开水。食堂里的饭菜也很好，师傅们尽力做适合我们口味的饭菜。刚开始的时候，我们有点不习惯，后来也喜欢上中国菜了。以后，我们不仅在学校的食堂吃，还到东门外面的小饭馆吃。这样就，我们开始了在清华大学的两年学习生活。

　　那时候的中国，生活方面还有很多困难，内战、抗日战争的痕迹依然还在，可是我却很自然地接受了这一切。这是因为我充分地感到中方的热情接待和关心。比如，到北京的第一天晚上，有一位裁缝来到宿舍为我们量尺寸，做合身的衣服。之后，在短短的二十四个小时内我们就穿上了适合于北京冬天的衣服。学校专门给我们设计了西餐食堂，为我们提供了既厚又暖和的棉被，还在屋子里放了个炉子。帮助我们交流的是冯忆罗，我们把她叫做 Ira。她俄语说得非常流利，经常帮助我们解决问题。有时她能事先预料到我们的困难，提前就帮我们想好了解决办法。学校对我们五个人的安排如此之周到，这一切使得我总是觉得很满意，心情愉快，我们从来没想到提出任何其他要求了。

在东欧国家来华留学的学生中，我们是先到的，后来到的有保加利亚的同学，再后来是匈牙利的同学。1951年，波兰和捷克的同学也来了。根据中国与东欧国家签订的协议，清华大学专门开办了"东欧国家交换生中国语文专修班"。周恩来总理和中国政府对到中国来学习汉语的东欧国家留学生特别重视，组建了专门的负责小组，由时任清华大学教务长的周培源教授为组长。不仅如此，中国方面还为我们精心配备了老师。比如，邓懿老师是从美国回到中国的，王还老师是从英国回到中国的，他们都有比较丰富的教授外国人学习汉语的经验。邓懿老师还挑选了杜荣、熊毅、傅惟慈、钟梫、张维和赵淑华等作为助教。组成了一个非常能干的、十分认真的教学小组。

很快，我们就开始上中文课了。教室在大礼堂东边的一个很朴素的平房。这个楼在80年代就已经不复存在了。给我们上课的老师都很优秀,这表明中国政府对我们这些留学生的关心和重视。在他们中间,有刚从美国回来的邓毅老师,在英国教授汉语的王还老师和运用最新的教学方法和技巧授课的杜荣和熊毅老师。在匈牙利、保加利亚、波兰和捷克斯洛伐克的留学生来了之后,我们的老师逐渐多了,新来了傅惟慈、钟梫、张维和赵淑华老师。到清华大学不久,有一天上课的时候,邓毅老师告诉我们:"我给你们每个人起个中国名字吧,"我的名字倒没有什么,是按发音起的。但是,罗明的原名很长,不好按发音起。正在犯难的时候,有个同学说叫他的小名Romi。邓毅老师一听觉得罗明这个名

上汉语课

不错。从那以后,他就决定用这个中国名字了。

对我来说,最大快乐的事情就是开始学中文了。我们第一本教材是老师们手写的,或者是刻蜡纸印的。通常我们的老师白天写好稿子,夜里用手刻,早上再印,有时候到我们上课的时候教材上的墨还没干。2011年,利用参加清华大学百年校庆的机会,我和罗明看望了熊毅、杜荣、傅惟慈老师他们,听了他们对往事的回忆。我们那个时候并不知道他们有多辛苦,不知道他们工作的那样紧张。他们一面进行教学的实践,一边总结经验,一边改进,他们的工作真是不简单。对他们来说,教学最大的困难还在于,我们这些留学生讲的语言有拉丁语系的,有匈牙利语系的,还有斯拉夫语系的,每一种语言都有它自己的特点。在发音方面,我认为我们罗马尼亚学生学得最好,因为罗马尼亚语同汉语拼音比较接近。其他国家的学生都有一些学不好的音调,后来我发现这也跟发音部位有一定关系。所以,可以想象,老师们给我们这样一个母语非常复杂的班级教授汉语是多么不容易。可是,我认为他们的工作效果是非常好的。他们对发音特别重视,后来我自己教孩子们学中文的时候也特别注重这一点。要学一种语言,发音是很重要的。所以,我现在每当想起我们的老师做的这些工作的时候,都感到应该对他们表示衷心的感谢。我们这些来自东欧的留学生都非常非常尊敬他们,也非常喜欢他们。就像罗明说的那样,我们感到同那一批老师有着比老师更深的感情。作为我们的老师,我非常尊敬他们。作为我们的朋友,我又非常喜欢他们,他们有教书育人的道德品质。80年代我们同这些老师见面的时候,他们也说:"你知道吗,以后我们同留学生之间再没有像跟你们那么好的感情了,对其他班的同学没有像对你们那一班那么亲切。"

那时,我们还都很年轻,还不了解学好汉语的复杂性。汉语的发音、语法都跟我们所了解的其他西方语言完全不同,它的单词构成、汉字的写法都与我们了解甚少的中国历史有着密切的关系。尽管如此,我们都下决心要尽快学好汉语。由于没有任何基础,所以,我们学得特别用心。我到了北京之后,就开始尝试着写日记,先是用罗文,后来用罗文和中文,再后来就用中文。这些日记本我都保留着呢,现在看当时记的那些东西是很幼稚的,可对我来说是很有用的,因为从中能看出来我当时的心理状态和每天发生的事,有些东西不记下来就会忘掉。我还常常在夜里记汉字,有时就把它们写在墙上,早上起来再看写得对不对。我记得,那时候学校里面有许多标语,我和另一名女同学就去看和读它们来练习汉语。有一次,学校的维修工人师傅发现我们利用这种方法练汉语,就善意地笑了。于是,他们就帮助我们练习,我们练得更加努力了。在学习的过程中,教我

第三章　燕园岁月与一生情缘 | 037

萨安娜学习汉语

罗明学习汉语

们的老师无疑起了决定性的作用。我们的老师认为正确的发音和声调是学好中文的先决条件,在这方面对我们要求非常严。因此,头几个月我们重点学习这些基本知识。每天不停地重复一些我们根本不懂、也用不上的单词。但为了对得起老师,我们还是努力地学。上课时没完没了地听录音,我们都禁不住觉得无聊。但是,现在回想起那段经历,我们应该感谢那些老师,是他们坚持不懈的努力才使我们有了扎实的汉语功底,为后来的学习打下了良好的基础。我们那一批留学生汉语的发音学得是比较准确的。后来的留学生就不那么重视发音了,发音中有时候有各种各样的毛病。

到了1951年6月末,我们已经学会了差不多600个汉字和基础汉语语法。那时我们可以进行简单的对话,能听懂一些很短的句子,可还是离不开翻译的帮助。我们来华留学首要的事情当然要学汉语,但又不仅仅是学汉语。到底要学习哪些词汇,学习哪些语法,实际上都要针对我们将来的工作任务。在这方面,我们的老师想得非常周到,工作也做得非常好。所以,接下来的两个学期,1951年至1952年,讲课的内容丰富了,讲课的速度也加快了。我们开始学有关中国历史、政治生活的一些课程。在学习语言的那两年中,我们读了毛泽东的《新民主主义论》《论人民民主专政》《中国革命和中国共产党》还有鲁迅的《故乡》《祝福》等。学校这样的目的，是要我们把汉字的单词量提高到2000个左右，能够使用汉语表达我们的意思。在学了一年之后，大概是在1951年元旦的时候，学校让罗明代表外国留学生在大礼堂举行的全体学生大会上发言。我还记得，罗明在讲话中说了许多带有口号性的话语，还提到了刘胡兰，要学习刘胡兰精神。

1952年7月，我在中国学习汉语的第一个阶段就这样结束了。至今，东欧留学生专修班的那些老师们的形象仍在我心中鲜活如初。他们不仅是我的好老师，更是我亲密的朋友、家人，我的姐妹兄弟。不但在学生时代而且在我一生中，我总感到他们的温暖心肠。离开学校之后，有机会跟他们见见面，一块吃顿饭、聊聊天都是一种快乐。

在此之前及以后，我从未也再没有与其他老师建立如此亲密的亦师亦友关系。在清华大学待了三个学期，除了学好汉语以外，也是我掌握有关中国历史、文化以及当代社会问题等基本知识的重要阶段。在这方面的教学计划包括了中国历史和中国革命史、中国政府和人民所面临的问题、重建和发展中国的政策等等。

为了进一步了解中国的过去和现在，我们参观了工厂、农村、文化中心、名胜古迹和博物馆，观看了话剧和民间艺术表演。我还清楚地记得1951年夏天教育部组织我们外国留学生去南京、上海和杭州的三个星期的旅

外出参观

参加学生大会

行。那是我印象最深的一次旅游。在那里我看到了老百姓的真实生活和他们的实际困难，尽管当时我还很年轻，但我可以想象中国政府当时面对的巨大困难。同时，我也意识到了中国在人力和物力方面所具有的巨大潜能，并终于理解了中国人民为其理想而艰苦奋斗的决心。

我留学的头几年，中国的群众运动特别高涨，发生了许多重大事件，如抗美援朝、消灭反革命、"三反""五反"、土地改革、燕京大学收归国有、对教师和学生的改造运动此起彼伏、为志愿参加朝鲜战争的大学生送行、为参加上山下乡和到工厂或矿山体验劳苦大众生活的大学教师和学生送行、判处反革命分子和腐败分子、每年"五一"和"十一"举行的盛大游行等，所有这一切我都无法忘怀。我与我的中国同学们一起亲眼目睹并亲身经历了中国的这段历史，也亲自参加了其中的许多活动。日后，这些事件都帮助我更好的分析史实和理解推动中国阶级运动的伟大力量。

现在回想起来，我觉得我们的那些老师当时的生活和工作情况特别不容易。中国在解放以后不是有好多政治运动吗，特别是思想改造方面的运动。我估计他们在这方面花的时间是非常多，压力也比较大。我们的邓毅老师也好、王还老师也好，他们都是爱国的，抗日战争胜利后，他们马上决定从国外回来，要全心全意地为新中国服务。但是,他们在解放后面临着非常大的压力,包括"三反""五反"运动。比如说,1951年的春天,解放军进驻清华大学。有一天,一位解放军军官请我们女留学生去教他们唱罗马尼亚民歌。我们非常高兴,吃完晚饭我和另两位罗马尼亚姑娘就过去了,以后又接连去了几天。可没过多久,那几个要我们教他们唱歌跳舞的军官就被捕了。给我们当俄文翻译的冯忆罗告诉我们:"你们应该当心,那几个军官是反革命分子,他们是要害你们的。"冯忆罗的爸爸是清华大学共产党地下小组的发起人,也是东北抗日运动的领导人之一。

所以,我认为,中国老师们在教授我们学习汉语方面工作非常努力,成绩很突出,但也面临着相当大的压力。当然,他们从来不跟我们说什么。倒是学校的管理人员给我们开过几次会,告诉我们反革命分子可能利用什么办法来害我们,比如说,和我们跳舞的时候用手上的毒把我们毒死等等。总之,学校有关方面就是提醒我们要提高警惕,注意安全。事实上,当时中国有关部门对我们留学生的安全十分重视。

罗明:当时,中国方面非常强调我们应该接触中国的现实,适应中国的环境。有一次,大概是1950年12月,我跟我的同学在宿舍里听到外面有人讲话,过了几分钟之后,几个中国学生敲门进来,说他们正在组织一次清华大学学生当志愿军的动员会,想邀请我们留学生参加。我们很高兴,来到会场之后,中国学生都一起鼓掌、还拥抱了我们,大家都认为这是社会主义阵营团结的象征。所以,我们那天晚上过的很愉快,看得出来东欧国家的青年和中国的青年们之间是多么友好的。我还记得,那个动员会在清华大学的体育馆举行的,党委书记站在台子上非常热情地动员学生当志愿军,拥护抗美援朝。通过这件事,我们后来特别愿意参加学校组织的政治活动。有一次,我们参加了在清华大学附近的一个小树林里举行的公审反革命分子大会,大家非常激动。当时公审的反革命有十一个人,一些是国民党的特务,另一些是同日本合作过的汉奸,还有一些是强盗。我还

外出参观留影

记得有一个老奶奶在台上控诉说，这些人是怎样闯进她的家，又如何把她的两个孩子往墙上撞。台下的参会的人都很愤怒，高呼口号。会上，公审者分别控诉了十一个人都犯了什么罪行。公审大会结束之后，他们都被拉出去枪毙了。

从1950年12月到1951年10月，据说是为了肃清国民党残余势力和帝国主义间谍，中国在全国范围内开展的清查和镇压反革命分子的政治运动。上面发生的这些事就与这场运动有关。当时，我们感受到的紧张气氛还不止如此。1951年的夏天，中国方面有关部门组织我们留学生到南京、上海、杭州、北戴河、天津等地进行为期一个月的参观访问。这次访问一方面奠定了我整个一生对中国了解的基础，另一方面也让我们感受到当时中国方面对我们留学生的安全问题有多么重视。

我们乘火车去南方的时候，我们坐的那节车厢的两头都有解放军站岗。我们在杭州参观的时候，中国方面就更谨慎了，许多地方都有负责保卫的解放军战士跟着。我们在上海看戏的时候，有一个穿着便装解放军战士就坐在我身边，他手里拿着一个报纸包，枪把都从里面露出来了。可是，我们知道这都是为了我们的安全。在北戴河的时候，女同学住的楼离我们的楼比较远，所以，我们把她们送回去之后为了抄近道，就走到了海滩上的小路。可是，我们走到沙滩那边的时候，站岗的解放军战士就对我们喊"举起手来"。在问明情况后,哨兵告诉我多们以后不要再抄近道,不要走沙滩了。

在上海、杭州,都有许多中国同学们陪着我们,我们跟中国同学的关系也非常好。一路上,我们受到了很好的招待,在上海住的是上海大厦。在南京,从市里到天文馆要经过一个森林,有关方面每五十米就安排一个站岗的士兵保护我们。所以,我必须得说,中国政府很重视我们的安全。正如萨安娜所说,在上海看戏时陪同我们的中国同志都带着枪,我跟一位警卫拥抱时也发现他腰后面也有枪。这表明当时中国的安全还是有问题的,西藏还没有解放,所以,中国方面很重视我们的安全。那个时候,我们看了不少话剧和京剧。所以,从这也能看出中国方面是如何培养我们的。我和萨安娜一生都喜欢中国的文化,喜爱中国人,这与那个时候学校教我们的许多许多东西是分不开的。

除了这些之外,我们还参加了支援抗美援朝的一些活动,也参加了土地改革运动。有一次我们去卢沟桥,当地人非常热情地接待了我们。我坦率地跟你讲,他们招待吃的面里还有沙土,但他们的好客是毫无疑问的。他们向我们介绍了抗日战争是怎么开始的,日本人在统治期间如何残酷、野蛮地对待他们,国民党怎么对待他们。更为重要的是,他们向我们介绍了共产党政权建立之后如何给他们分配土地,人们的工资有所提高,收入

留学生集体照

也有了保证,生活好了起来,小孩也可以上学了。所有这些都是很激动人心的故事,我们永远也不会忘记。后来卢沟桥的这个村子和罗马尼亚的一个村子建立了姊妹村关系。我们罗马尼亚的领导人到中国访问时都要到卢沟桥的这个人民公社参观。邓小平同志去罗马尼亚访问时也参观了当地那个农业合作社。

给我们安排了解中国计划的人特别聪明,他们不但安排我们学习汉语语言,而且帮我们了解中国的文化和历史。所以,我们参观了许多地方,也听了不少中国革命史、近代史方面的报告。正因如此,我后来写过一篇《清华——通往中国的大门》的文章,因为我们在清华大学学习的不仅仅是语言方面,而且还了解了中国的文明。这些是很重要的,为我们打下了坚固的中国文化基础，我们一生都是在这个基础上建立起我们对中国的认识和研究的。

1952年，"东欧国家交换生中国语文专修班"结业之际，我们举行了隆重的庆祝活动。当时，我深切地感到，中国教育部的领导对我们的学习成绩还是比较满意的。应该承认，我们比后来的留学生学习要认真得多，但更为重要的是，当时的那几位老师在我们学习过程中所起到的作用非常大。

我们永远也不会忘记他们对我们的培养，他们为我们后来成长为优秀的国家公务人员做出了巨大贡献。我当上驻华大使之后，不止一次邀请教过我们的老师们到罗马尼亚大使馆做客，我这里有很多照片可以证明这一点。我们同老师们之间建立了一种特殊的关系，要比一般的老师与学生的关系更为密切，情感更深厚。有一次，一个广播电视台邀请我介绍罗马尼亚的音乐历史。过了几天，我碰见熊毅老师。他对我说："你讲得非常好，但是，有几个字你发音错了。"在以后的岁月中，我们每次去北京的时候，总是去拜访和看望他们。

1952年7月，"东欧留学生中国语文专修班"结业后，我们就转入北京大学继续学习了。从清华大学到北京大学这里边还有一个小故事。根据罗中两国教育部门达成的协议，我们来中国，中国同学去罗马尼亚，原订的学习时间只有3年，然后就开始工作。不过，周恩来

部分师生再相聚

总理最早的提议是双方要培养大学毕业生,若学三年的话就不算大学毕业。这样,我们学了两年之后,中国教育部门认为我们应当在中国获得大学毕业证,于是在1952年就决定在中国语文专修班结束后让我们到各系里继续学习,完成相关专业的大学课程。不过,1952年夏天,中国进行了高等学校的院系调整,清华大学的文科划归了北京大学。我学的是中国语言文学,萨安娜学的历史学,所以,我们从1952年10月起转入北京大学学习,我在中文系,萨安娜在历史系。

在大学二年级的时候,也许因为对华工作的需要,也许因为考虑我已经有了小家庭需要照顾,所以,外交部决定我提前参加部里的工作。1954年暑期,我回到罗马尼亚休假,外交部长专门找我谈了话,相关部门对我的能力也进行了测试。比如,让我参加部长与中国驻罗马尼亚大使的会面,把一份中文文件翻译成罗文等等。然后,外交部决定让我一边在北京大学继续学习,一边开始在外交部工作。回到北京后,我继续上大学三年级的课,通常每星期一、二、三在学校学习,四、五、六到驻华大使馆工作。在大使馆里,我那时候负责文化方面的工作,但经常当翻译。可以说,我从1954年8月就正式进入了外交部工作。

萨安娜:语文专修班结业后,我们回到了罗马尼亚休了几个月的假,返回中国后就到北京大学了。我最喜欢的是北京大学的那种真正的中国建筑风格。当时,我们住的地方是一院,后来是中文系的办公室。我和罗明结婚后又搬到了二院,后来是历史系。我们很喜欢北大的整个校园和住宿条件,在宿舍里面也有可以洗澡的地方,吃饭在大饭厅里,运动场离我们住的地方也不远。可以说,我们真正的学生生活是在北京大学开始的。罗明在中文系学习,但是,他不怎么愿意学语言,因为他原来要学政治经济学,并且认为他对文学没有足够的精神方面的爱好。可是,当时的罗马尼亚驻华大使就劝他:"你们现在好好学语言是非常重要的。"我认为,大使劝他劝得非常好,罗明后来在中文方面取得了非常大的成就。他在中国语言文学方面的研究有比较深的造诣，对每个字的了解都非常深刻。同时，他的罗马尼亚文的水平也很高，这是他以后在中罗之间文化交流方面做出了许多贡献的重要原因。

我对自己能够学历史感到非常高兴，因为我一直对历史感兴趣。但是，刚开始学的时候还是挺困难的，因为我掌握的中文词汇还不够多。读参考资料的时候，需要查的字太多。更麻烦的是，没有合适的词典。我的英语水平比较差，俄文还行，但当时汉俄词典还没有出版。另外，有时候讲课的老师有比较浓的地方口音。比如，上第一堂古代史课的时候，老师说："发现了一颗银牙。"当时，我就想古代就有"银制的牙"了？后来，我才明白，原来他说的是"人牙"，我没有听清"银"和"人"。这只是一个小例子，类似的事情后来还有好多。所以，我只好请中国同学来帮忙，每天下午和一个中国同学对笔记。在这样的环境中，我与中国同学相处得很好，有了非常密切的关系。我有一个叫关秋岚的同学，一直到现在我都把她当成自己的姐姐，她如今仍住在北京。[1]我还有好多好多同学，他们都跟我建立了一生的友谊。历史系建系八十周年的时候，我回去参加了，大家见了面高兴的不得了。没有他们的帮助，我就不可能学好那些课，因为对我来说生词太多了。比

---

[1] 关秋岚于2015年6月去世。——编著者

如说，近代史第一章是描述英国工业的发展，里面有"工厂里烟筒林立"这样的描述，这个句子我在字典上找了一下午都没有查到。还有中国近代史上的"戊戌变法"，中国好多礼节、风俗习惯方面的表达方式，当时我都不太懂。所有这些，我都是在中国同学的帮助下才逐渐弄明白的并且受益终身。

考虑到将来工作的需要，我们选的课必须有助于提高我们对中国历史、文化、语言以及对将来发展的前景等方面的知识水平。因此，我所选的课是中国现代史、中国共产党史、中国通史、亚洲史、世界近代史、马列主义、古汉语和汉语语法。老师和同学的音容笑貌至今历历在目。

教我们中国近代史和一门叫"外国资本输入中国"的课程的老师，是在这方面知识渊博的学者邵循正先生。从一开始他的和善与谦虚就给我留下了很深的印象。上课时，他的声音很小，我总是坐在第一排，生怕听不见。他建议我深入研究太平天国的天朝田亩制度以及标志着中国现代化进程开端的洋务运动。考试的时候我一点儿也不紧张，相反，我觉得他的考试对我是一种友好的鼓励。在日后我研究历史的生涯中，邵循正教授的精神一直铭刻在我心里。

周一良教授是邓懿老师的丈夫，教我们中国通史和亚洲史这两门课。周老师说的是北京话，所以上他的课我都可以听懂。他所讲授的内容为我将来的历史研究工作以及外交领域的工作等方面提供了良好的基础。在我的印象中，周老师是20世纪中国知识分子形象的代表，他即尊重中国传统文化，又熟悉西方文化思想，非常关心祖国的命运。所以，周老师的一生都充满了矛盾。有时别人不理解他，甚至会误解他。他毕生都在为建立一个全新的社会和一种全新的生活方式而奋斗着。

张芝联是教我们世界近代史的老师。他出身于一个知识分子家庭，他把中国传统学者的气派和法、英学者的高雅完美的结合起来。上他的课总能给我一种能够克服困难的勇气，让我信心十足。张老师总是向我们提供新的信息，弥补我在中学所学知识的不足。毕业后，张芝联教授成为我和我家人的亲密的朋友。

回想起我的老师们，他们不单单是知识渊博的学者，同时还是富有责任感的、青年一代的指导者。

在北大学习之初并不容易，因为我的词汇量还相当少，而有的老师说的不是普通话，上课跟不上。我连听都听不懂，更别说用汉字记笔记了。离开教室时我的笔记本上满篇都是空格，回去后要查词典才能找出不认识的生词。有时生词多得我一整天只能读完几页参考书。我的老师和同学们知道后就都来帮助我。周一良老师经常来到我的宿舍询问我哪里不清楚，并且用英语给我进行讲解。张芝联老师用法语给我作辅导。我的同学们一个一个地来我的房间，帮助我补笔记、讲不懂的词。不久，我逐渐适应了上课的节奏，并获得了学习的勇气。大家的友谊和理解帮我克服了学习之初的困难。如今回想起这些，心中的幸福还无法用言语来表达清楚。在中国的欢乐时光、利他主义的人和我们之间诚挚的友谊使我无比幸福！

我们课程的内容慢慢地变得更有意思。从中国近代史和革命史开始学起中国史对我来说是很有用的。我对这些知识已经有一定的了解，主要是学习新词。一个新的世界在我面前敞开。这个神秘世界的根源在于人类的开始，它的思维方式和逻辑与众不同。我发现了新的历史人物，了解到新的哲学思想、新的文化。我要感谢我的老师！他们不仅谙熟中国历史，更对世界历史也了如指掌。尽管当年的政治运动给他们带来了很大压力，但他们还是能够把问题放在整个世界的背景和前提下进行分析。

在北京大学学习两年后，在1954年7月，按照两国政府原来的协议，我们四年的学期到此就结束了。当时就出现了这样一个问题：如果我们现在回国的话，我们就没有资格获得学士学位。经两国教育部同意，我们的学期又延长了两年。

1954年秋天我同其他同学一起上了三年级，这次我们不能再选课了，上的都是一些必修课。其中，我经常想起来的两门课是中国通史和世界古代史及中古史。

教中国通史的老师是邓广铭教授。他的课非常有意思，讲得很有系统，总能让我明白事件之间的前后关系、人物特点、社会和政治背景。可对于我来说，困难的是那些来自古书的大量语录、人名和地名。邓老师的教学经验很丰富，他马上意识到了我的困难，很耐心地帮助我解决问题。直到今天，我都无法忘记"盐铁论"这门课，它不仅帮我提高了古汉语水平，更帮我了解了有关古人的思想。

齐思和教授是我们的世界古代史的老师。这门课帮我把中国的历史跟世界的历史结合起来，让我了解中国历史在世界发展过程中所起的重要作用和影响。他所发表的有关中国与欧洲国家交流的文章对我以后所从事的研究工作有很大启发。齐思和教授指导教学不仅仅限于教室，我还清楚地记得到他书房情景。他经常给我看精美的古书、中国旅游者的一些作品，还给我讲解那些奇妙的图画，让我了解中国传统绘画的精髓。每当想起齐老师，一位和蔼可亲、聪颖智慧的学者便出现在我的面前。

除了我可亲可敬的老师之外，我不得不提到我的中国同学。他们都是抗日战争和第三次国内革命战争时期受过锻炼的一代的杰出代表。他们是善良、无私、拥有伟大的理想、艰苦奋斗却不追求物质利益的一代人。他们很自然地接受了我,并成为我终身的好朋友。

第一个出现在我脑海中的是在清华大学还不会说汉语时认识的小张洁,我们把她叫做"小东西"。她像哑剧演员那样用手语和面部表情来给我们解释东西。她陪我第一次到八达岭去看长城,给我讲孟姜女的故事和长城概况。现在翻开那时的日记,看到自己当初能明白、理解那么多东西,简直就是个奇迹!毫无疑问,这些都要归功于小张,所以她的身影总萦绕在我脑海中,挥之不去。

住在北京大学的四合院式的宿舍时,我的同屋都是中国学生。他们都是帮助过我的朋友。关秋岚是我终生的挚友,她出生于印尼的中国家庭,为报效祖国而毅然回国。她是我们小组的风云人物,活力四射,乐于助人。她不知道什么叫累,我每次生病不能上课时,她就把所有的笔记都给我抄一遍,甚至还给我上课。她还帮助我了解中国生活的现实情况,体会中国文化的特点和博大精深,在变化当中社会的骚动。我的孩子都喜欢她。因为第一次见她的时候,我的女儿觉得她的皮肤比别人稍微黑一点,孩子就把她叫做"黑阿姨"。

我们班同学马克垚和耿引曾、周良霄和顾菊英夫妇都是我非常好的朋友。马克垚长得像民间故事里的英雄,又健壮又善良。他很乐观,不管我们多紧张,他的笑声总能使我们精神振奋。马克垚品学兼优,他通过不

罗明夫妇与马克垚、耿引曾夫妇

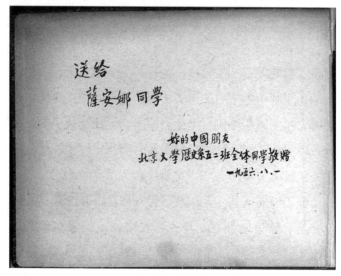

相册上的留言

懈的努力，之后在他的专业领域取得了杰出成就。他把中国和西方国家封建制度时期进行了比较，他发表的文章对我的研究工作也有不少的帮助。耿引曾是一个很有条理的人，她来自一个医生家庭，很遵守秩序、非常讲卫生、说话很简洁、工作很专一，她在研究中印关系史方面获得了卓越的成就。周良霄善良、成熟、稳重，对知道的东西总是感到不满足，喜欢分析老师给我们提供的信息，然后再发表自己的见解。顾菊英很努力好学，她总能对我所提出的问题给一个合理的解答。周良霄和顾菊英是一对儿模范历史家。他们合作研究并发表过不少科学成果，如《元朝史》。其他许多没有提到的同学在我心目中也占有同样重要的位置。他们的专业素养和人格魅力都得到了世人的认可。他们秉承了真正的中国知识分子的谦谨，不畏艰难险阻，用自己的实际行动忠于并为实现他们崇高的理想而奋斗。

1956年7月份考完试之后，我离开母校、老师、同学的时间也就到了，就要回国开始工作了。分别前夕，我们班搞了一次最后的大联欢。每每想起那个时刻，我的心情就久久不能平静。我们总结了四年的学习生活，感谢各位老师与我们分享他们的知识，激昂陈词，憧憬着美好的未来。记得那天我还带去了一棵冷杉树苗，和同学一起把它种在我们住的二院前面在那座假山旁边。这棵冷杉象征我们对母校和所有老师的感激之情，同时

历史系毕业照

也见证了我们之间真挚的友谊。我们还在文史楼前与著名的历史学家翦伯赞副校长兼历史系系主任合影留念。

在中国的"文革"期间,为了种一片桃园,二院楼前所有的树都被砍掉了,假山也被推倒了,那棵冷杉当然也消失了。但是,我与母校老师和同学们之间的那份友情却长留至今。我一直觉得,清华和北大两所大学学习的六年时光是我一生中最美妙的六年,为我成为历史学家和汉学家打下了坚实基础。后来,我写了不少有关中国历史和文化的著作,如《象征之国度——从孔子到毛泽东》《龙的胜利——在第二次世界大战期间的中国》《一视同仁——中国外交的历史精神根源》《神州》和《中国茶文化》。当然,我写的有关中国历史、文化方面的文章就更多了。我将永远感激那些可亲可敬的老师们和总是面带微笑的亲密的朋友们。

通过六年的留学生活,我不仅将自己的一生与中国的语言、历史和文化紧紧地连在了一起,而且与罗明结下的终身情缘。中国可以说是我们的红娘。我们在中国谈恋爱、结婚,我们的儿女也都出生在中国。

出国之前,我们这些被挑选准备到社会主义国家留学的人在布加勒斯特上一个预备班,吃饭和生活的地方是国王过去的马厩。不过,那个地方还是很不错的。特别对我来说,那个时候住在这样的地方,觉得条件已经非常好了。罗明的家当时在布加勒斯特,所以,他有很多同学。我是外地来的,在布加勒斯特一个人也不认

结婚照

识。罗明会拉手风琴，舞蹈队的姑娘们非常喜欢他，常常围着他。我在合唱队，所以也认识他。但是，罗明不一定认识我。在来中国的火车上，罗明不抽烟，和他住在一个包厢里其他男同学和俄罗斯人抽烟抽得很厉害，罗明受不了，就来到我们包厢跟我们一起住，所以，我们才有了交谈的机会。

刚到清华大学的时候，我总是感到罗明欺负我，认为他一定不会喜欢我，看不起我。所以，我也就不怎么理他。后来，罗明告诉我他是用那样的方式表达对我的感情。那个时候，清华下午从5点到6点是学生们体育锻炼的时间，大家都起床出来做运动，我们也不例外。男同学一般踢足球、赛跑，我们女同学打腰鼓和玩乒乓球。有一天，罗明主动跑过来对我说："我们一起打乒乓球吧？"我说："我不跟你打。"我打得不好，而罗明打得非常好。他又说："没事，来吧，来吧。"我就去和他一起打乒乓球。我的水平当然赶不上他的。打着打着，他就对我说："我想跟你好。"我回答说："不行吧。"这时，另外一个同学来了，我就把拍子交给他，转身走了。后来我听说，那天之后，罗明就一直不吃饭，情绪十分低落。我想，他真不吃饭可就麻烦了。所以，我就找到他，对他说："那好吧，我们试试吧。"打乒乓球的事发生在1951年6月11日。所以，我们的恋爱就跟清华大学有关系。这样，我们就开始了恋爱。当然，在这个过程中，我们之间的关系也有很多波动，有的时候好、有的时候不好，可是还是走到了现在。对我来讲，罗明既是我的爸爸也是我的妈妈，还是我的姐姐，总之，我一家人的各种爱都集中在了他的身上。我从小就非常孤独，两个姐姐喜欢我，但她们也有自己的家。后来，我二姐经常来帮助我，三姐不到24岁就去世了，大姐是在罗阳出生时去世的。

罗明：我和萨安娜是1953年1月2日在北京结的婚。但是，我们婚后也遇到了另一个问题。在北京大学，我们外国留学生没有结婚夫妇居住的地方。所以，北大校方做出了一个决定，专门把二院变成结了婚的留学生居住的地方。后来结婚的有德国的、有波兰的、捷克的留学生。问题就这样解决了，这就表明中国方面愿意帮助留学生解决各种具体困难。同时，罗马尼亚大使馆也在考虑帮助我们，最后决定在大使馆提供一个房间给我们，这个房间本来由参赞居住的。我们大使馆工作人员还给我们介绍了一个老太太给我们作保姆，她叫吴爱荣。但是，她让我们叫她"娘娘"。尽管没有上过学、不识字，但是，她的脑子非常灵活。后来有人说她要我们叫她"娘娘"肯定有一定的道理，她肯定是从皇宫出来的。"娘娘"是小脚，但人非常好。我们对待她像对待自己的父母一样，她也因此而感到很骄傲。有几次，她生病时住院，我和萨安娜去看她。她周围的人觉得很

保姆与达迪亚娜和罗阳

保姆和罗阳

惊奇，竟然有外国人来看探望，可我们觉得是应该的。

后来，跟我关系比较密切的一位罗马尼亚的领导人对我说："你还是要想办法把她带到罗马尼亚来，这样可以教你的孩子学汉语。"但是，由于身体状况不好，她也没能到罗马尼亚来。我们去中国的时候，还是请她帮助我们，尽管孩子已经大了，仍希望她跟我们在一起。我们把她当做亲戚，我们之间关系非常非常好。我们感到，她身上好像是汇聚着中国的悠久文明和知识修养，我们是非常喜欢她的。

萨安娜：1956年，我们从北京大学毕业，毕业证书是马寅初校长签发的，衬底有"为人民服务"五个字。

萨安娜与儿女

家中的北大清华角

罗明还没有毕业的时候，从1954年开始就为罗马尼亚的和中国的领导人做翻译了，实际上已进入了罗马尼亚外交部。我毕业后也在外交部工作。其中，1956年到1959年，1961年到1964年在罗马尼亚驻华使馆工作。1964年回到罗马尼亚之后，从1966年起到了罗共中央历史社会和政治科学研究所工作。

第四章　随罗马尼亚领导人访华

1．陪同格罗查访华

罗明：1954年9月，我陪同应邀来华参加中华人民共和国成立五周年的罗马尼亚党政代表团。当时，我虽然还不算外交官，但已经负责罗马尼亚与中国的关系方面的工作了。这个代表团由罗马尼亚工人党中央第一书记吉奥尔基·阿波斯托尔担任团长，成员有国民议会主席团主席彼特鲁·格罗查博士，外交部第一副部长格·普利奥蒂亚萨，作家尤·卡米拉和依·维特奈。中华人民共和国国庆五周年时，苏联东欧社会主义国家都派代表团前来参加庆祝活动，但只有罗马尼亚和波兰两国代表团是由执政党中央第一书记率领的。罗马尼亚代表团是25日到达的,当天下午就受到了毛泽东主席的接见,中方在场的领导人还有副主席刘少奇、宋庆龄,总理周恩来,副总理董必武、陈云和邓小平。像其他社会主义国家的代表团一样,阿波斯托尔在十月一日的庆祝大会上也发表了热情洋溢的讲话,会后到中国各地参观。10月16日,阿波斯托波尔和部分代表团成员乘机回国,格罗查博士留在中国继续访问。

格罗查来华访问是应毛泽东主席的私人邀请。所以,在中国访问的时候,除了随代表团参加中国国庆活动之外,他还单独到了中国许多地方进行访问,10月31

格罗查与罗马尼亚驻华使馆工作人员合影

日才回国。他在中国访问的过程中，实际上受到的是国家元首的待遇，比如，他从北京到南京、上海、杭州、广州、南宁、昆明、重庆和武汉等城市，都是乘坐火车前往，享有两节专门车厢的待遇。乔治乌–德治同意格罗查应邀出访之后，在罗马尼亚工人党内，一些受共产国际影响比较大的共产党人还有不同意见。他们认为格罗查博士虽然形式上是国家领导人，但不过是一个众人皆知的资本家，只不过开明一些和民主一些而已，中国方面不应当给予他特殊的待遇。中国方面当然能同意这样的做法。为了消除格罗查的疑问，中国方面实际上把罗马尼亚代表团分成了两个实体，以国家元首的礼遇接待了格罗查博士。

在陪同这次访问的过程中，除了阿波斯托尔、格罗查博士等罗马尼亚方面的领导人之外，我还首次见到了刘少奇、周恩来等中国方面领导人。不过，我没有能见到毛泽东主席。按当时的做法，中国最高领导人会见外国客人的时候，翻译是中方的丁永宁。丁永宁当时是中国驻罗马尼亚大使馆的工作人员，会讲法语，也是学罗马尼亚语学的最快的一位中国青年。她也在新华社工作过，还当过驻罗马尼亚分社的社长，同许多罗马尼亚领导人都很熟悉，大家都很喜欢她。后来，乔治乌–德治在布加勒斯特接见中国的代表团时，我就成了唯一的翻译。

毛泽东为什么邀请格罗查访华,在这背后还真有故事。罗马尼亚驻华使馆一位参加了毛泽东主席接见格罗查博士的朋友告诉我,毛泽东主席接见了格罗查博士,在表示欢迎之后就对格罗查说:"主席同志,我要您帮一个大忙,帮我说服我们的资本家,不管是资本家、商业家、银行家等等,都要接受社会主义改造。"你知道,从1953年起,中国共产党决定对资本主义工商业进行大规模的社会主义改造,其中,在1954年主要是将私营企业变成公私合营企业。在这过程中,许多私营企业主并不理解,也不愿意,但中国共产党又不能采取强硬的办法。所以,毛泽东想了许多"软性"的办法,其中之一就是请远道而来的格罗查"现身说法",帮助中国共产党做那些私营企业主的思想工作。格罗查博士同意了,我陪同他在北京之外访问了一个多月。

与东欧的其他国家不同,罗马尼亚是罗马尼亚人自己解放的,而这种解放方式使得共产党不得不同王室、资产阶级民主党派合作,从而在1944年到1947年期间不得不有一个过渡时期。比如,国家元首开始时是一个院士,后来就由曾经是大地主、大资本家的格罗查博士担任。在罗马尼亚,格罗查是开明的民主人士,与共产党合作得非常好。1884年,他出生在洪尼多阿拉县的一个牧师世家,1903—1907年间先后在匈牙利和德国获得法学和经济学的博士学位,20世纪20年代多次出任政府部长。1933年，他创建了农民阵线，一直到1953年都是该组织的主席。农民阵线从成立的次年起就与罗马尼亚共产党合作，与后者建立了非常密切的关系。1944年罗马尼亚解放后，格罗查博士先后出任了联合政府的副首相，民主政府首相，部长会议主席，1952年6月起任大国民议会主席团主席。更为重要的是，格罗查还是一个大银行家、大企业家和大农场主。但是，在罗马尼亚国有化的时候，他把自己的财产都交了出来。在东欧这些国家里，几乎没有像格罗查博士那样的人。罗马尼亚在战后的发展中也面临过与中国相同的问题，采取的解决办法也与中国相近的。这就是毛泽东邀请格罗查来中国"现身说法"的重要原因。

格罗查博士虽然随罗马尼亚代表团而来，但是应毛泽东主席的邀请，是毛泽东主席的客人，而我是作为罗马尼亚外交部的工作人员一直陪同着他。毛泽东邀请格罗查博士说服中国的资本家能和平地、很快地接受社会主义改造。格罗查博士接受了毛泽东主席的要求，在访问过程着重考虑了怎样使中国的企业家、银行家、商业家接受社会主义改造。在他看来，毛泽东主席当时所面临的一个重要问题是怎么保证中国尽可能快地发展，因为毛泽东当时已经意识到不能只靠苏联的援助。毛泽东的"一边倒"是一个暂时的政策，中国应当尽可能早的"站立"起来。事实上，毛泽东主席在掌握政权之后，运用了苏联的经验,但发现速度和规模并不能令人感到满意。所以,他一直考虑采取什么模式来更快地发展中国,以便摆脱苏联的那种当"父亲"的姿态。所以,他1953年提出了农业合作化,1954年又把格罗查博士请来了。格罗查博士在这方面做得非常好。他在北京、上海、杭州、广州这样的大城市举行演说。这些地方都是大的资本主义基地,资本家都很有钱,很有影响。他在每一个城市跟当地的工商界杰出的代表有所接触,给他们做报告,实际上是在说服他们。他说:"我本来是一个大地主、大资本家,但我现在又是国家元首,又当过部长会议主席,跟共产党人合作得很好。我的女儿是大学教授,我的儿子当过电力部部长,当过驻维也纳大使。"所以,格罗查博士认为,资本家与社会主义政权二者之间没有不可解决的矛盾。与此同时,他也提出了一个重要问题,就是共产党还是一个民族力量。他说:"你们知道,在1944年之前,罗马尼亚没有什么大型的工业企业,都是外国的,石油是美国和英国的,甚至生产火柴的工厂都是瑞典的,而现在共产党开始发展我们的工业。你们这大概也遇到了类似的问题,你们还是要同共产党一起搞中国的工业化,加快中国的发展。"格罗查博士讲得很风趣,也很会说话,通常很随便地跟那些私营企业家主讲话,有时讲的笑话都让这些人捧腹大笑。谈完了,中国的这些私人企业主心里就觉得中国共产党不是那么可怕，不会扼杀他们。

可以说，我是陪同格罗查博士访问了一路，通过各种各样的会见，聚会和访问，我充分地感受了格罗查博士的人格魅力，智慧火花，严谨判断，渊博知识，令人耳目一新的表达，优雅的举止。尤其在与民主党派领导、宗教领袖以及工商、银行界代表的一系列会面中，格罗查博士这些特点表现得最明显。格罗查博士详尽细致的描述满足了听众对罗马尼亚现状的好奇与兴趣。罗马尼亚比中国早五年确立了社会主义制度，他的讲述既是意识形态的也是政治的，还像随笔一样充满了比喻和趣闻，两个小时的演讲不知不觉就过去了。在活跃的气氛中，原本非常严肃的主题变得十分轻松。笑声与掌声都充分说明听众被他的演讲所吸引，当然，这也不排除其中的一些人不赞同他的观点。

在中国对资本主义工商业进行大规模"社会主义改造"之际，格罗查博士向中国的听众讲述了罗马尼亚在这方面的做法。他指出，罗马尼亚走上社会主义道路之后国有化的主要对像是外国资本。罗马尼亚外资的国有化不仅是为了集中力量发展社会经济，更重要的是罗马尼亚人必须要完全主宰罗马尼亚土地上的资源和财产。只有这样，才能巩固社会主义国家。格罗查博士向听众详细地介绍了罗马尼亚走上社会主义道路之前的经济状况，指出那时候的罗马尼亚不仅工业薄弱，更严峻的是工业企业都隶属于外国公司、托拉斯以及商行。他用大量的数据说明罗马尼亚人那时候没有能力拥有国家的财富，大量的利润都被转到了国外，更严重的后果还在于罗马尼亚对发展和工业化的漠然。所以，罗马尼亚走上社会主义道路之后就要把主要的工业生产和银行资本收归国有以及实行农业集体化，其初衷就是需要集中必要的资金和工具以支持工业化。为了使听众更为相信自己所讲的，格罗查博士还幽默地说起自己是如何放弃了他的家庭财产，如银行、工业和农业资产等等，因为他知道这样做有利于祖国和人民。他开玩笑地说道："作为交换，我被选为国家领导人，我的孩子也做了公共管理部门中的官员。"格罗查博士的每次演讲都是在热烈掌声中结束的，大厅中热烈的气氛说明这位自愿退位的"大银行家，企业家和大农场主"得到了理解。

格罗查博士访问的这些大城市都是中国私营企业最集中的地方，不难看出中国方面特别是毛泽东主席的良苦用心。根据格罗查博士的回忆，在离京开始到中国各地访问之前，毛泽东主席曾对格罗查博士说，你此行要像孔夫子那样，周游列国，但要比孔夫子走得更长。访问结束回到北京后，毛泽东主席又设宴款待了格罗查及其女儿。席间，格罗查博士说，他像孔夫子那样周游了，但行程比孔夫子的短，还有北方的三个城市没有去。接下来，毛泽东主席和格罗查博士俩人一段对话非常精彩，各自的寓意也都很深刻。毛泽东主席说：孔夫子要受到批评，因为他没有参观中国北部。所以，彼·格罗查博士也应受批评，因为没有参观预定计划中的两个城市，连沈阳也没有去。格罗查博士的回答也很巧妙：我仅仅遵循了在广东听到的一句中国古语，"吃饭要永远少吃三口"，因而少看了三个城市，同时也是为了减少主人由于对我们的盛情款待而过于费心。

我们回到北京后，与毛泽东主席的激动会面结束了格罗查博士的这次访华。对罗马尼亚给予中国的支持，毛泽东主席向格罗查博士表达了谢意。后来，罗马尼亚领导人同中国领导人会谈时也多次提到，格罗查博士对中国社会主义改造所作的贡献。

前面提到过，在前来参加中国国庆五周年的东欧国家中，罗马尼亚和波兰的级别是最高的。其中，罗马尼亚代表团不仅有党的第一书记阿波斯托尔，而且包括国家元首格罗查博士。这表明罗马尼亚多么重视中国作为社会主义阵营的成员。不过，总的看来，当时的中罗关系还不算密切，一切都客客气气的，因为彼此认识和了解得还不多，也不深。比如，毛泽东接见罗马尼亚代表团的时候，问的都是诸如"你们这次旅途怎么样"，"看了一些什么"，"你们跟土耳其关系怎么样"之类的话题，谈话的内容还不够深入。过了一段时间，特别是1955年之后，罗中之间的关系开始有了更实质性的、更丰富的内容。

通过这次全程陪同格罗查博士访华，我还知道了不少罗马尼亚内政和罗马尼亚与苏联关系有关的事情。在访问南京的一天晚上，我和一些人陪同格罗查博士参观紫金山天文台。格罗查博士参观了天文台的设备，用天文望远镜观看了天空的几个方向。由于旅途劳累的缘故，他不想再爬曲折的楼梯，便回到了天台，让其他陪同人员继续参观。很自然，格罗查博士就由我陪着。在天台的一角，他告诉我，有一次，在罗马尼亚参观类似的天文台时，他邀请瓦西列·卢卡（属于共产国际派）透过望远镜遥望广阔的天空。看了很久之后，卢卡沉思了一会儿感叹道："先生，我们是多么渺小！"格罗查博士回答："是的，这就是为什么我叫你来这里的原因。"接着，格罗查博士跟我谈起了卢卡和其他一些人的自负与自满，他们大多都曾在莫斯科生活过。卢卡是匈牙利族人，波克夫人是犹太人。他们轻视罗马尼亚历史，忽视罗马尼亚人的感情。格罗查博士向我举例说，安娜·波克曾愚蠢地提议将布拉索夫老城命名为斯大林市。格罗查博士认为，对斯大林的尊敬完全可以通过不影响罗马尼亚身份认同的其他形式来表达。布拉索夫是罗马尼亚最古老最著名的城市之一，不应当改变它的自然属性,"他们完全可以选一个刚刚建立的城市命名为斯大林市"。格罗查博士最后痛苦地说:抵制这些人的建议和行为不是件容易的事,他们都是些无耻之徒,与莫斯科的影响和权力有密切联系。正因如此,在把无祖国的国际主义者从罗马尼亚党和政府中清除出去的行动中,格罗查博士支持了乔治乌–德治。

格罗查博士还特别讲向我讲述了1952年清除了莫斯科派后访问苏联的经历。应苏联领导人的邀请,格罗查博士作为大国民议会主席团主席第一次正式访问苏联。他刚刚到达莫斯科下榻的公寓,斯大林的秘书打来电话,说斯大林正在克里姆林宫等着,希望他们马上过去。然而,这时代表团的行李还没有送达。格罗查博士便以此为借口要求推迟会面。"你知道",格罗查博士对我说:"我当时还没有穿戴整齐。另外,我是四人组成的代表团的团长,脱离他们就影响了代表团的形象。"斯大林的秘书对格罗查博士说:"斯大林同志知道您是一个优雅的人,可仍然希望马上同你们会面。"格罗查博士没办法,只好请求稍微迟到一会以便带上其他代表一起去。令格罗查博士惊讶的是,出发去克林姆林宫的时候,包括乔治乌–德治在内的其他三人穿着深色的衣服,看上去像运尸官,表情严肃,无法掩饰脸上的紧张。这也可以理解,因为不久前他们把亲莫斯科的卢卡和波克夫人等清洗了。代表团来到斯大林办公室的时候，斯大林前来迎接格罗查博士，热情地握住他的手，然后开始寒暄。当时，乔乌-治德治他们非常紧张，等待着斯大林的暴怒。但是，斯大林突然笑了起来，其他人也都跟着笑了，紧张情绪一下子缓解了。格罗查博士告诉我："争取到斯大林的支持，我就可以替基查（乔治乌-德治的呢称）说情，确保他在劳动党领导地位的提升。削弱国际主义者在党内的影响力有利于罗马尼亚政策本地化的方向。"在20世纪40年代末50年代初东欧国家的大清洗运动中，其他国家基本上都是莫斯科派将本土派清洗了，只有我们罗马尼亚相反。

我深深地被格罗查博士讲的这些所吸引，赞叹他的所作所为。过了一会儿，那些参观天文台的人回到了天台，我们的谈话被打断了。但是，我后来时常想起这次谈话，政治上受到了启发，精神上更加充实，而且还深深地被格罗查博士的人格所吸引。

另外，我还近距离地观察到了格罗查博士日常生活的细节。不论晚上几点睡觉，他都会在早上5点半准时起床。一天的活动是由一套体操开始的，紧接着是按摩、淋浴和去厕所。接下来的程序是一天准备活动中最重要的部分，格罗查博士幽默地称它是"土耳其式的祈祷"。为了让我明白，他向我描述了土耳其人每天早晨如何向安拉祷告："主啊，求你不要让我的妻子欺骗我。如果她还是欺骗了我，主啊求你不要让我知道。如果我还是知道了，主啊求你不要让我生气。如果我还是生气了，主啊求你让它赶快结束！"

每天早晨，格罗查博士都会用半小时的时间用来清点这一天要完成的工作，根据每天的事情他决定自己的看法和态度，尽力使自己平静，不让愤怒影响自己的健康，也不让愤怒影响自己积极地解决日程上的问题。我们从早到晚在一天中见证了一位沉着、愉快的绅士，他以智慧与优雅的手法处理每天的问题，轻松找到看似很简单但其实很完美的解决方法。格罗查博士穿戴精心，与之相适应的是谈话时迸发出的思想火花和一种让每一个人都能感受到谈话热情的强大能力。更让我惊奇的是，格罗查在参观了博物馆或历史遗迹，纪念馆，工厂或农庄以及学校之后，都能够轻松地组织语言表达印象及看法，用词精致，饱含深情。让你尤其感到愉悦的是，格罗查博士在与人谈话时表现出的洒脱大方与风度翩翩，在世界上展示了罗马尼亚和罗马尼亚人的能力与高贵。

由于我陪同了一路，格罗查博士对我的印象也很深。对此，我可以用一个故事来证实。1955年12月的一天，我走在布加勒斯特飞行员大街上的时候，突然听到一个带有阿尔迪亚口音的人在叫我。我转身望去，很高兴地发现原来是格罗查博士的秘书罗慕路斯·法尔卡士散步。第二天，我收到了格罗查博士的邀请，前往阿雷克桑德鲁大街1号主席团主席官邸与他共进午餐。一起吃午餐的还有格罗查博士的夫人——一位优雅、亲切和彬彬有礼的女士。他的女儿玛利安·格罗查，曾陪同她父亲访问中国，后成为外交部副部长。他的一个儿子，奥克达维亚·格罗查，后来成为能源电子部部长以及驻奥地利大使。午饭期间，主席先生回忆起在中国访问的那段时光，描述了许多令人吃惊的细微之处。当时，他叫人拿来了他写的书稿，为我朗读了很多片段，征询我的看法。他心情十分愉快，因为在中国受到了应得的尊重和礼遇，同时他也表现出了自己的人格魅力和品德。在回忆起这些的时候，丝毫感觉不到他正在接受监视和审查。他还特别给我朗读了提到我的片段："来自毕霍尔的农民之子，罗慕路斯·布杜拉，陪同我们一路。他5年前离开了祖国的土地，作为学生来到了北京，现在说一口标准的中文，写一手漂亮的汉字。他的父母走在毕霍尔的田垄上，绝不会想到他们的孩子会成为连接两国友谊链条上的一扣。"对于这样的称赞，我向他表示感谢，同时也对能有机会向他学习而表示感谢。不过，当时我没有告诉他，我的第一份外交报告就是写他访问中国的情况。尽管因为初学者的笨拙，报告的难度又很大，但时至今日，我仍然认为这份报告正确解读了这次访问的机缘及其政治意义。

2. 跟随毛雷尔访华

罗明：20世纪50~60年代，罗马尼亚领导人访华时几乎都由我做翻译和陪同。但是，对我来说，印象最深的除了随同格罗查之外，就是1964年3月随毛雷尔带领的罗马尼亚代表团访华。与格罗查的访问不同，毛雷尔的这次访问主要不是为了发展罗中关系，而是调解中国与苏联的关系。

在1960年代，中苏两党之间的分歧、争吵和论战是社会主义阵营内部的主要矛盾。

在这过程中，罗马尼亚扮演了与其他东欧国家不同的角色，从自身的利益和处境出发，不仅声称站在不偏不倚的立场上，而且试图进行调解中苏两党的分歧和矛盾，在这方面做了很多努力。我这儿有这张照片，举杯敬酒的是彭真，左边背对镜头的是赫鲁晓夫，端着酒杯站在彭真左边的乔治乌-德治，最右侧的是保加利亚共产党第一书记日夫科夫。表面上看，这不过是宴会上的一次普通敬酒。可是，当了解这是在什么时候和什么背景下发生的，你就肯定会认为这是一张具有历史意义的照片，那一刻反映了不寻常的罗马尼亚、中国和苏联之间微妙的特殊关系。

彭真同赫鲁晓夫干杯

它是在1960年6月布加勒斯特会议上拍的,彭真是中国共产党代表团的团长。你知道,在这次会议上,赫鲁晓夫公开攻击了中国共产党代表团,甚至在国际会议上发表了与中共观点有冲突的讲话。但是,在东道主欢迎各国代表团举办的宴会上,乔治乌-德治还是劝说彭真同志主动去敬赫鲁晓夫一杯酒,表示拥护社会主义阵营的团结,彭真对此也表示完全赞同。于是,他走到赫鲁晓夫面前,对赫鲁晓夫说:"祝您健康,干杯。"

当时我就在现场。不过,我在此前也几次见过赫鲁晓夫。总的说,我不喜欢他。在这次晚宴上,乔治乌-德治对彭真说:"我们之间有一些分歧、有一些问题,这是因为某一种制度所造成的。但是，我们现在不得不考虑到因为个人的性格、个人的所作所为发生的分歧、冲突。所以，你们要注意这一点，还是要忍耐一些。"他的意思是说，赫鲁晓夫在布加勒斯特会议上表现和做法有时候会引起一些反感，但应当考虑到他个人的性格特色，不要和他计较。

中国有这样一种说法，认为中罗关系在50年代特别是50年代后半期是非常好的，高层领导经常互访，在重大国际问题上能够保持一致。但到了60年代初，受中苏交恶的影响，中罗两国的关系步入低谷，因为在布加勒斯特会议上，罗马尼亚方面不仅对中共代表团非常冷淡，而且迎合苏共，公开地批评中国。对此，我想明确地指出，中罗两国关系没有步入低谷。说罗马尼亚方面对中共代表团非常冷落，迎合苏共公开批评中国，是不准确的。当时我一直在场，我的感觉不是这样的。我认为，有两个方面的因素必须注意到。一是中苏两党的矛盾公开化，二是罗马尼亚自身的处境。你知道，1960年4月中国共产党发表了《列宁主义万岁》等三篇文章，实际上是不指名地批评了苏共。对此，赫鲁晓夫十分恼火，决定报复中共。6月20~25日，罗马尼亚工人党召开第三次代表大会，按惯例邀请各国共产党参加。在这期间，也就是24~26日，参加会议的各国共产党和工人党按照赫鲁晓夫的要求举行了会议。罗中之间的不愉快就是在这次会议上发生的。其实，在我们的党代会上，罗马尼亚党的领导人开始时跟彭真同志他们谈得还是挺好的，搅局的是赫鲁晓夫。我还记得，我们党代表大会还没有开完，赫鲁晓夫也在场。他做了一个长篇的讲话，我当时在大厅那里等着，听到了赫鲁晓夫在会场上讲的话。他说："他们（他指的是中国同志）读的是书，但见到的却是一只手指头。"听完赫鲁晓夫这句暗含攻击中国的话，有的人哈哈大笑，有的人觉得很吃惊，坐在主席台上的乔治乌–德治看上去很不高兴。

我知道的和理解的布加勒斯特会议，莫斯科会议，中苏公开争论以及中国"文化大革命"的背景和目标都是很复杂的。当初，罗马尼亚领导人并不知道曾经有过斯大林和罗斯福1945年的秘密协议，也不知道中国有过一个"一边倒"的方针政策。1964年，刘少奇和周恩来访问时在罗马尼亚领导人面前提到了这一段历史。所以，从1956年之后，罗马尼亚领导人慢慢地凭直觉意识到中苏之间实质性的争端是什么。1972年，有人问毛雷尔他所见到领袖当中那一位最伟大。毛雷尔回答说："是毛泽东。"但是，他紧接着又补充了一句说："不过，毛泽东还是差了一点，因为他以极端左倾的花言巧语、夸夸其谈骗了我。"其实，毛泽东并没有欺骗罗马尼亚领导人，因为中国正是在罗马尼亚的帮助下恢复同南斯拉夫的关系并实现了与美国关系的正常化。我还清楚地记得，1960年当罗马尼亚工人党代表团去莫斯科之前同乔治乌-德治告诫代表团成员：你们不要参与争论，只就国际问题有自己的看法和立场。至于中苏两党争论的战争与和平等问题，让它们两个大党自己去解决吧。当然，乔治乌-德治当时也不赞同流行的观点，如世界大战不可避免地要即爆发，通向社会主义唯一的途径是武装起义等等。在莫斯科会议上，乔治乌-德治第二次发言时只提邓小平同志的讲话而没有论及有争论的问题。他说，争论应该停止，开展争论时应当注意方式和语调，要珍视和保护国际共产主义运动的团结，必须遵循的各国和各党之间的关系原则和准则，要尊重各国主权独立平等，不能干涉他国内部事务。有了今天的信息和知识，我可以断定，罗马尼亚领导人当时的直觉还是不错的。当时的思想争论和后来的"文化大革命"就是毛泽东主席想出的摆脱苏联控制，为中国打开实现人民革命目标的广阔道路的战略。

所以，应当理解乔治乌-德治当时夹在中苏两党之间的两难处境。布加勒斯特会议开幕之后，赫鲁晓夫一定要乔治乌-德治当会议主席。他的理由是，乔治乌-德治是东道主，而东道主当会议主席是惯例。乔治乌-德治很不高兴，但是没办法。乔治乌-德治后来在政治局会议上说："我那个时候完全不理解赫鲁晓夫他们有什么意图，我受了欺骗。他还请我做会议主席，这些都是苏联人搞的一套阴谋。"赫鲁晓夫他们利用十二个社会主义国家共产党和工人党在一起开会的机会，对中国共产党组织了一个突然袭击。其实，乔治乌-德治名义上党主席，但是实际上赫鲁晓夫主持会议。

布加勒斯特国际会议召开的时候，中国党代表团一直保持着与北京的联系，25日，代表团根据北京方面的指示，表示他们可以在会议公报上签字，但同时也会发表这样一个声明以示对公报某些内容的不同看法。中国代表团把声明的稿子给我，我把它转给乔治乌-德治。大概过了半个小时，乔治乌-德治就把那个稿子还给我并且说："你坐上车，把这个交给赫鲁晓夫同志。"他的意思是要告诉中国党代表团，我们罗马尼亚共产党跟与赫鲁晓夫在会上对中国党的突然袭击毫无关系。所以，我坐上车去离布加勒斯特20公里的赫鲁晓夫住的别墅，把中国党的声明稿子交给赫鲁晓夫的秘书。乔治乌-德治不止一次说过："如果早知道事情发展到这个地步，我当然不会同意他们利用罗马尼亚党代表大会这样一个机会组织对中国党代表团的突然袭击。"当时，波兰和越南的同志就在设法调解中国党代表团和苏共代表团的紧张关系。正是在这样的背景下，乔治乌-德治本人才在宴会上劝彭真同志去跟赫鲁晓夫碰杯。

当天晚上十一点多钟,在没有什么预先准备的情况下,乔治乌-德治邀请中国代表团到他家做客,罗马尼亚工人党新选的政治局的成员都在。院子里,平台周围摆上了一些椅子。宾主落座之后就开始交谈起来。乔治乌-德治说,莫斯科的领导人的行为太粗鲁,但他没有具体指赫鲁晓夫的个人作风。乔治乌-德治劝说中国代表团要沉静,有耐心,通过对话慢慢地解决问题。乔治乌还透露说,有一次他跟斯大林讲话,这位苏联领袖不高兴了,"对我举起他的拳头,说我不信任你!"那是很可怕的一句话。但是,乔治乌-德治慢慢地说服了斯大林。我认为,那一天夜间的三个小时的真诚的谈话奠定了后来罗中高级对话的良好的基础。这也表明我们还是愿意跟中国作为同一阵营的成员站在一起。

在布加勒斯特会议后不久,1960年11月10日到12月1日,来自世界各地的81个共产党和工人党在莫斯科召开了会议。我作为罗马尼亚代表团的工作人员参加了这次会议,主要是作翻译工作。那次我是跟伊利埃斯库一起去的,他当时是罗马尼亚工人党中央宣传部的处长。代表团的主要成员都是有一定的身份的人,乔治乌-德治亲自带队。这次莫斯科会议分两个阶段。第一个阶段是各党代表出席的文件起草委员会的会议,在十月份进行的。第二个阶段是各党正式代表团出席国际会议。1960年秋天，罗马尼亚工人党中央领导人已经准备参加在莫斯科举行的81个兄弟党会议的时候，同时决定让我跟代表团一起去，这是因为他们打算到了莫斯科之后同中国代表团会谈，而我在罗中两国高层交往中出现的次数比较多。所以，我参加了莫斯科81个党的国际会议，在莫斯科待了两个月的时间。其实，这时我们的领导人已经意识到了中国共产党的立场不是要垄断什么、打击什么，而是想恢复中国共产党独立自主的地位。那时候，胡志明主席先站出来调解中苏之间的矛盾，所以，罗马尼亚的领导人就决定先不发挥中苏两党调解人的作用。但是，胡志明出来调解没有起到太大的作用。中国党代表团是刘少奇同志率领的，对列宁格勒、莫斯科以及其他一些城市进行了访问，还是受到了他们应当受到的欢迎。那时候，人们有一种感觉，好像中苏之间的矛盾问题解决了。

但是，在莫斯科会议上，罗马尼亚代表团和中国代表团没有接触，只是做了与中国党代表团举行会谈的准备。在这里我想谈几句我们同中国建立了一种特殊关系的过程。1960年，我们跟中国代表团有所接触，当时我们两国都碰到了一些困难。斯大林执政的时候，特别是在50年代初，罗马尼亚与苏联的关系上的问题和困难不少，乔治乌–德治本来想向毛泽东主席介绍这个情况，但后来这个打算就被放弃了。60年代初出现的问题是，伴随着自己势力的增大，苏联觉得它能够进一步影响到世界的发展。比如，1962年苏联因为古巴导弹问题不就差一点跟美国发生战争吗？这也表明苏联当时的对外政策有问题。在这样一个气氛中，苏联打算实现所谓"国际社会主义劳动分工"这样一个政策，让罗马尼亚和保加利亚照管农业方面，捷克和民主德国照管工业，禁止罗马尼亚、保加利亚发展它们自己的工业。另外，苏联还想把多瑙河下游变成一种国际空间，由苏联、罗马尼亚和保加利亚一起管。其实，那块土地大部分是罗马尼亚的。苏联还主张在多瑙河上多搞几个发电站。我们本来跟南斯拉夫达成过协议，要在多瑙河那里搞一个水电站。可是，苏联说不行，应该让保加利亚参加，后来又要让匈牙利参加。最后，它提出要多瑙河要搞三、四个发电站，有几个国家参加修建，这些国家都是发电站的所有者。1960年和1962年，我们又碰到了华沙条约组织内部的一些问题。苏联不仅要建立一个统一的司令部，让苏联元帅率领东欧各国的军队，后来还想组织一个统一的外交机构。这样一来，苏联就使东欧国家的外交政策变为统一的政策，东欧几个国家的军队变为一个国家的军队。苏联甚至还有过想法把华约的范围扩展到亚洲，将蒙古也包括进来。正因为有这样一系列的新倡议，我们跟苏联发生了很严重的分歧。其他东欧国家，有的还是心里跟罗马尼亚站在一起，但嘴上不敢说，有时候甚至还不得不批评我们。碰到了那么多问题、困难，罗马尼亚就打算跟中国打交道。

1963年7月，在中苏大论战已经开始了的情况下，中苏两党在莫斯科举行了会谈。中国党代表团是由邓小平和彭真率领，会谈举行了两个星期，但结果也不怎么好，矛盾更加激化。但另一方面，经过了两年时间，罗中关系却又开始好转。比如，乔治乌大使根据罗马尼亚工人党中央的指示向彭真同志通报的罗苏之间的分歧，这是4月的事。到了7月，周恩来总理约见了乔治乌大使，说中方理解罗马尼亚的处境。不久，中国副外长曾涌泉访问罗马尼亚，乔治乌–德治专门请他到布加勒斯特附近自己的一个别墅里交谈。乔治乌–德治那个时候就希望有机会能跟中国人交换意见，但是，他们这次谈话没有什么实质性的效果。所以，当年11月份，苏联大使举行国庆招待会的时候，乔治乌–德治主动走到中国驻罗马尼亚大使许建国跟前，对他说："你看你什么时候有空的话，就到我的别墅来谈谈。"过了几天，他们约定了一个时间，许建国大使就去了。当时，乔治乌–德治把他对罗中关系和罗苏中的一些想法都告诉了许建国大使，还特别强调指出"我很愿意和中国共产党的领导见面、谈谈话。"

过了几个星期之后，中国领导人知道了乔治乌–德治的这个想法。于是，1964年1月，为了推动中罗对话，开拓了更广阔的会谈前景，中国外交部就秘密召见乔治乌大使。这次会见除了会见时间的不同寻常之外，中方还明确提出他不能带陪同人员。进了中国外交部里，乔治乌大使被带着穿过侧门，到了内庭，接着被邀坐上一辆国家礼宾轿车。中方告诉他刘少奇要接见他。你知道，刘少奇当时是中共中央副主席，中华人民共和国主席，中共级别第二高的人物。会见结束后，大使按原路返回使馆。在这次会见中，刘少奇对他说，中国共产党同意乔治乌–德治的观点，愿意跟罗马尼亚工人党领导人见面。在会见不久之后，乔治乌大使告诉我他要紧急回布加勒斯特一趟，其实就是向罗马尼亚领导人转达中国方面的意见。2月初，我收到一封贴了标签的密信以及一张信使证书，被告知要像爱护眼睛一样爱护这个封信，它片刻不能离开我的视线，到了布加勒斯特之后要亲手交给波德纳拉希。在莫斯科，我住在大使饭店里，为了不出意外，我头枕着信封睡觉。后来得知，我当时受到"天使保护者"的特别关照。2月11日，到了布加勒斯特之后，我直接被带到部长会议主席波德纳拉希的办公室，办公室主任什特凡奈斯库接待我。他问候了我，并询问我是否一切正常，得到肯定答复后，他向波德纳拉希通报了我的来访。波德纳拉希的办公室非常豪华，充分彰显了这位罗马尼亚高官的个性，特别吸引我的是这里有很多装满花的瓶瓶罐罐，大多放的是郁金香。礼节性的问候之后，波德纳拉希问我旅途是否还顺利。我回答是的，然后就把信交给了他。他没有征求我的意见，直接为我要了白兰地和咖啡，让我把它们都喝掉。然后，他在一旁审读这份材料。我简单地祝福他生日快乐，因为我知道波德纳拉希在这天满60周岁。像往常一样，他开始阅读，并在重要的段落做标记。看完之后，他的表情看上去很满意，用内线打了个电话。我想对方应当是乔治乌–德治。波德纳拉希向乔治乌–德治介绍了信里的内容。然后，他把信给了我让我交给乔治-乌德治。

我一进乔治乌–德治的办公室就向他打招呼，他停止了与基夫的谈话，起身过来迎接我。如往常一样，总书记表现出坚毅与彬彬有礼。我递给他这信封。他询问了我的旅行情况，我的感受以及我的家庭，我一一作了回答。然后，我们谈到一些政治问题，其中说到了了中国和南斯拉夫的关系。我知道总书记的工作很忙，于是就告辞了。他一直送我到门口，我拉开大门的时候，他对我说，中南关系一定会正常化的。它们两国之间合作的意义非凡，对罗马尼亚而言也是十分重要的。他说的这句话意味深长，而且带有很强的预见性。你知道，在当时，南斯拉夫问题是中苏论战的主题之一。

我讲这些是要说明,乔治乌-德治从1963年开始就有要同中国共产党领导人见见面、谈谈话的想法。所以,那个时候,是罗马尼亚方面首先提出了要改变各社会主义国家之间关系方式的建议。

此后不久,罗共中央就开始准备代表团访问中国的事宜。有一天,我被叫到乔治乌-德治的办公室。他告诉我,齐奥塞斯库被指定接见中国驻罗大使许建国,商讨有关罗马尼亚代表团访问中国的公报文稿。我作为翻译也参加了这个商讨。在公报定稿过程中,中方坚持要用"社会主义阵营",而不是"社会主义国家团体或大家庭",因为"社会主义阵营"中是排除了南斯拉夫的。齐奥塞斯库接受了中方的意见,访问也就如期进行了。

罗马尼亚代表团这次访问非常重要,受到双方领导人的高度重视。咱们还是先看几个照片。这张照片拍摄的时间是1964年3月1日,布加勒斯特伯纳萨机场飘下了大片大片的雪花。乔治乌-德治欢送以毛雷尔为首的中央代表团去访问中国,中间侧身手拿礼帽的就是乔治乌-德治,手捧鲜花的是基夫,现场有许多人欢呼和鼓掌。乔治乌-德治亲自到机场送行,代表团成员都是罗马尼亚高级领导人,他们是毛雷尔、波德纳拉希、基夫和齐奥塞斯库。可见,罗马尼亚方面是多么重视这

乔治乌-德治在机场为访华代表团送行

次访问。在上飞机之前,乔治乌-德治同赴北京的代表团成员在贵宾室里进行了交谈,中国驻罗大使徐建国也在场。这次访问将迈出罗马尼亚反抗苏联监管的重要一步,但气氛十分轻松。

中方对罗马尼亚代表团的到来也十分重视,到机场迎接的领导人有刘少奇、邓小平、彭真和康生等人,这张就是他们在专机前面照的,从左往右,分别是波德纳拉希、彭真、基夫、刘少奇、毛雷尔、邓小平、齐奥塞斯库和康生。你看,走在后面的康生嘴里还叼着香烟。

中罗领导人在北京机场合影

刘少奇和毛雷尔向欢迎群众致意

另外，我想特别告诉你的是，波德纳拉希拿的花是我儿子罗阳献给他的。你再看这张照片，到机场迎接的不只是这几个领导人，还有成百上千的群众手持鲜花，举着两国的国旗在停机坪上欢迎，毛雷尔和刘少奇向大家挥手致意。

到了钓鱼台国宾馆后，刘少奇礼节性地拜会了罗马尼亚代表团。你看这张照片，刘少奇和波德纳拉希坐在中间的长沙发上。齐奥塞斯库坐在波德纳拉希旁边的单人沙发上，而毛雷尔、基夫都坐在对面的椅子上。这说明齐奥塞斯库总是要突出地表现自己，而意识到自己地位有多高的毛雷尔和基夫并不在意这一点。由于是非正式会谈，双方有说有笑，都显得比较放松。但是，到了正式会谈，气氛就不一样了。本来，罗马尼亚工人党与中国共产党之间已经有了基本的对话机制，也实现了两国关系的团结互信。但是，罗马尼亚代表团到达北京之后的第一印象却是这样的：东道主好像并没有完全搞清楚罗马尼亚客人来访的目的，它到底是罗马尼亚方面真诚和自愿来的并站在中罗共同利益的立场上，还是在莫斯科的授意下来？这是正式会谈场景照片，罗方主要代表有毛雷尔、波德纳拉希、齐奥塞斯库、基夫。我是翻译，坐在毛雷尔和波德纳拉希后面。中方主要代表是刘少奇、邓小平、彭真、康生等人，翻译坐在前排刘少奇和彭真之间。在会谈开始之前，毛雷尔把一封乔治乌-德治写给毛泽东主席的信转交给了刘少奇。然而，刘少奇拆开了信封，看起里面的信来。代表团有些吃惊，波德纳拉希小声地对旁边的人说道："这是给毛泽东的！"接着，我们发现刘少奇竟念了起来。波德纳拉希十分困惑，回过头问我："他懂罗马尼亚语？"实际上，这封信已由我翻译成了中文。读过之后，刘少奇大声地说道："这封信很好。"接着，会谈就正式开始了。

从3月3日到10日，中罗双方先后举行了六次会谈，商讨的重点是中罗关系和结束国际共产主义运动大论战的问题。10日下午，毛泽东主席还接见了代表团。在这过程中，罗马尼亚代表团参观了北京市区里和周边的许多名胜古迹。在我的像册中有不少这时的老照片。第一次会谈是在第二天上午。互相说了几句客套话之后，中国东道主礼上在先，夸奖了罗马尼亚客人的品德，让我们享有"先表达"的特权。毛雷尔首先发言，他大致谈了谈罗马尼亚代表团访问北京的缘由，强调了罗马尼亚代表团这次访问的自主性。

在此过程中，毛雷尔还顺便谈到了我们党同苏共历史上不愉快的的经历。然后，毛雷尔详细阐述了罗马尼亚要求停止国际共产主义运动公开论战的理由，提出应当协调解决共产主义运动内部的分歧与争端，推动互相尊重和团结一致的对话，消除在国家关系中，党际关系

中罗会谈

中那些违反民主原则的行为,巩固和加强罗中两党、两国之间的联系。接下来是齐奥塞斯库发言。他说,罗马尼亚工人党迫切要求中苏停止公开论战,北约将会在共产主义世界分歧中为资本主义获利。基夫讲了罗马尼亚在经互会中面临的威胁与困难,表明了罗马尼亚对经互会民主化的立场。波德纳拉希谈了加强罗马尼亚地区安全,进一步发展了与南斯拉夫合作,在保障地区稳定上加强与中国的合作,中南关系正常化等问题。整个上午都是罗马尼亚代表团在陈述自己的看法,中方只是提了几个问题,罗方的回答的基调也都是希望中方停止公共论战。下午,罗马尼亚代表团参观了中国革命博物馆,晚上观看了京剧演出。

在3月4日上午举行的第二次会谈中,刘少奇先介绍了中苏分歧的由来和中国共产党的观点,代表团的其他成员做了相关补充。刘少奇讲话一开头就解释说公开论战是苏联方面挑起的，苏方1960年夏在布加勒斯特出其不意地攻击中共，不顾中方的克制忍让和意见，传播并公开了针对和指责中共的信件和资料。刘少奇强调，公开论战一旦开始就会一直继续下去，也许需要一万年，直到搞清事实为止。由于在前一天前的会谈中罗方引用了北约的秘密文件来说明西方敌对势力会利用争论，刘少奇在发言中也读了同一文件的一大段，他想说明中方是知道北约想法的。讲完这些之后，刘少奇开始谴责苏联的霸权主义与帝国主义行径，践踏了处理党与党之间，国与国之间关系的原则和准则，他一一列举了苏联和苏共在这些方面犯的错误。首先，刘少奇指出，苏联坚持独断专行、霸占他国领土的沙皇政策。除了被占领的中国北方领土之外，他还提到了罗马尼亚的比萨拉比亚和北布科维纳等地。接着，刘少奇谈到了苏联曾在有一段时间里支持中国国民党政权。新中国成立后，苏联给予中国一些援助，但因为中国要制造原子弹而终止了这些援助。苏联还曾提出了在中国设立一个覆盖了亚太地区的无线电台、组建一个在苏联控制下的混合海军舰队等要求。刘少奇重申了在1月曾对罗马尼亚大使说过的话，中国已结束了原子弹实验的准备。之后，他通过各种各样的例子强调指出，对人类，对国际共运和工人运动有严重危险的是赫鲁晓夫与帝国主义合作的政策。

罗马尼亚代表团参观历史博物馆

其实，大家都知道，罗马尼亚代表团此次来华访问的主要目的，仍是调停中苏大论战。在谈到国际共产主义运动和工人运动的状况时，刘少奇明确提出，当时没有条件再召开新的世界性协商会议来管理80多个政党之间的关系。同时，刘少奇对中罗关系、中共和罗马尼亚工人党之间关系作了积极的评价，强调中国要巩固与罗马尼亚的友谊，加强团结的可能性，与罗马尼亚和罗马尼亚工人党发展交流与合作。当然，他强调罗中关系必须是遵守国家关系和党际关系的准则。在这次会谈中，罗马尼亚代表团再次提出停止论战的想法，但是，中国代表团仍然坚持认为这场并非由中共挑起的公开论战必须继续，哪怕是一万年也得争论。会谈休息期间，我陪着毛雷尔在罗马尼亚代表团驻地宾馆院子里的小路上散步，说到中苏大论战，他给我讲了一个马车夫的幽默故事。马车夫很艰难地将马车赶到了山顶，可是，马车却失去了控制冲向山谷。它的速度越来越快，一路狂颠，许多物件都散落了，可最后却奇迹般停了下来。马车夫心有余悸地看了一眼马车余下的部分，然后感叹道，损失归损失，我倒是很享受它一路这样冲下来！

5号下午和6号上午，罗马尼亚代表团参观了几处向中华人民共和国十周年献礼的建筑物，还参观了长城、十三陵。让我们一齐看看当时留下的照片。这张是参观历史博物馆，毛雷尔和齐奥塞斯库看中国古代的瓷器，我给他们翻译。你看这些照片，这张是参观中国革命博物馆，听服务人员讲解中国解放战争，中方是彭真陪的。这两张是参观故宫的，举着相机正给石头狮子拍照的是我。这两张是参观北京火车站的，一张是在站外广场上，另一张是在月台上。这张是代表团和中方陪同人员在八达岭长城上的合影。除了这些之外，我们还参观了人民大会堂、首都体育馆等建筑。另外，代表团还在刘少奇、彭真、伍修权等人的陪同下，观看了文艺晚会和中国的京剧。这张照片是刘少奇和毛雷尔等人同演员握手，而这张是毛雷尔、齐奥塞斯库、彭真和伍修权等人与京剧演员的合影。

罗马尼亚代表团参观八达岭长城

刘少奇和毛雷尔同演员握手

中国党非常重视罗马尼亚代表团的这次访问,毛泽东主席虽然没有直接参与会谈,但实际上是中方代表团的幕后总指挥。在会谈的最后一天,也就是10日,毛泽东主席会见了代表团。

那是接近午餐的时候,中方安排了代表团与毛泽东主席的会见。你看这张照片,毛泽东主席与毛雷尔握手,旁边站的是基夫和齐奥塞斯库。交谈一开始,刘少奇先介绍了几天来会谈的情况。然后,毛泽东就问罗马尼亚代表团:"你们来这是代表谁的?"罗马尼亚代表团回答说:"我们代表的是罗马尼亚,是按照自己的意识、自己的观点来这同中国党交换意见的。"不过,接

毛泽东会见毛雷尔

见的气氛还是很好的。毛泽东说他已经了解了中罗两国代表团所进行的讨论，这样的讨论非常好。毛泽东说："他们都是战争挑拨者，我本人也是，我们都被称作战争挑拨者。联合国甚至通过了一个决议，说我们是侵略者，好像是我们曾经侵略了朝鲜，其实是世界上16个国家发动了侵略朝鲜的战争。"很明显，毛泽东的意思是不愿意结束公开争论。但是，他还是幽默地说，由于罗马尼亚代表团的友好坚持，中国同意将论战时间缩短，从1万年减到9999年。我记得，毛泽东主席讲完这些话后，齐奥塞斯库就插了一句嘴："毛泽东同志，公开争论停止了，绿草也会继续长，鱼也会继续游泳，妇女也会继续生孩子。"毛泽东主席脸色一下就变了，他就问齐奥塞斯库："你年纪多大了。"看得出来，毛泽东主席真地生气了。所以，我们代表团的老同志，也就是毛雷尔和波德纳拉希赶紧打圆场。一位说："是，是，他还很年轻。"另一位又说："但是，他坐过牢，有经验。"过了一会儿，气氛才恢复了正常。虽然如此，还是可以看得出，毛泽东已经为罗马尼亚代表团的友好和执着所征服，这位中国"强悍的人"表现出十分乐意推动罗中友谊与合作。毛泽东对乔治乌-德治给他的信也是十分满意，同时也向这位罗马尼亚工人党第一书记表示问候和祝福。

　　会见之后，毛泽东主席设宴招待罗马尼亚代表团全体成员。特别的是，毛泽东主席的夫人江青也出席了，这让午宴的意义进一步加深，因为不久江青就成为中国"文化大革命"的主角之一。从这一点也可看出，罗马尼亚代表团访问北京取得了积极的成果。这是一张在毛泽东主席会见后的合影，毛泽东、毛雷尔、刘少奇、齐奥塞斯库、波德纳拉希、邓小平、基夫、彭真等人在前排，第二排站在毛泽东和波德纳拉希后面的是康生，我也在第二排，站在齐奥塞斯库后面。第二排左起第一个站在台下的那个人是罗马尼亚代表团的速记员，比我还年轻，有些羞涩，在快门即将按下的时候才跑到哪儿的。

从结果上看，罗马尼亚代表团的这次访问并没能说服中国共产党停止同苏共的论战。但是，考虑到与罗马尼亚的关系，3月2日到12日期间，中方没有发表论战文

毛泽东接见罗马尼亚代表团

章。但是，罗马尼亚代表团离京后，《人民日报》不仅发表了《苏共是当代最大的分裂主义者——七评苏共中央的公开信》，而且陆续发表了其他政党支持中国共产党批评苏共的声明、决议、文章或讲话。历史地看，对罗马尼亚来说，这次访问的最大收获可能并不是结果，而是这个过程本身大大地提升了罗马尼亚的国际地位，当然在很大程度上也改善并发展了与中国的关系。所有这些更坚定了罗马尼亚领导人奉行自主性对外政策的决心。

毛泽东主席在谈到两个代表团会谈的情况时说："你们各自的城堡并没有被攻破，各方仍然顽固地坚持自己的观点。"听到这里，刘少奇就补充了几句："尽管如此，中罗关系还是取得了很大的进展，我们之间的友好合作关系会发展。"代表团回国后不久，病中的乔治乌–德治写信给毛泽东主席，再一次提出"共产主义运动的利益迫切要求停止公开论战以及为冷静的、耐心的和同志式的讨论创造条件"。4月中旬召开的罗马尼亚工人党中央委员会全体会议通过了著名的声明，即《关于罗马尼亚工人党对国际共产主义和工人运动的立场的声明》，提出了罗马尼亚独立外交政策的基础和基本点。正是在3月的会谈的基础上，罗中在同年10月初的会谈取得了圆满成功。

在罗马尼亚代表团3月访华之后，中罗关系转热的迹象是非常明显的。有这样一些表现，第一个是6月乔治乌–德治在自己的别墅里与中国新任驻罗大使刘放进行了六个小时的长谈，请他每周都与负责罗中关系的波德纳拉希"交流情况"。第二个是8月罗马尼亚解放二十周年之际，朱德和邓小平出席了罗马尼亚驻华大使馆举行的招待会，李先念率中国党政代表团前往布加勒斯特参加庆典。第三个是北京市丰台区卢沟桥人民公社8月更名为"卢沟桥中罗友好人民公社"，布加勒斯特州斯洛博济亚县蒙特尼-布泽乌乡集体农庄10月被命名为"蒙特尼-布泽乌罗中友好集体农庄"。罗中之间的十月会谈就是在这种背景下进行的。

9月当我还在国内休假的时候，接到罗共中央的指示，与罗马尼亚驻华大使乔治乌一起紧急回到北京。1964年10月1日是中国十五周年国庆日，中国邀请许多国家参加庆祝活动。罗马尼亚派出了一个高级代表团，团长是部长会议主席毛雷尔，团员有副主席波德纳拉希，中央宣传和文化部副部长兼宣传鼓动部部长保罗·尼库列斯库–米济耳和驻华大使杜米特鲁–乔治乌，其规格比苏联和东欧其他国家的代表团都高。到了北京后，罗马尼亚代表团受到热烈欢迎。除了参加庆祝活动之外，罗马尼亚代表团还与中方进行了两轮会谈。中方的代表团由周恩来率领，成员包括陈毅、贺龙元帅，人大常委会副主席彭真，副主席

周恩来会见罗马尼亚代表团

李先念等人。会谈围绕着世界问题和国际共运及工人运动展开,其中多次提及与赫鲁晓夫等苏联领导人的会谈。中罗双方各持己见,分歧集中在原则、主要目标以及社会主义国家之间、各国共产党之间关系应当遵循的准则等问题。虽然在这些问题上的看法并不完全一致,但是,会谈的气氛还是很融洽的。让我们看看当时的老照片。这张是周恩来总理会见罗马尼亚代表团,毛雷尔和周总理坐在中间的长沙发上,右的是波德纳拉希,左边依次是李先念、米济耳和王炳南。我觉得会谈主要的成果是感情上加强了联系,你看他们俩谈得多么好。其他的照片也是这样,大家都很高兴。在会谈中,双方主要讨论的内容,第一是停止公开争论问题,双方还是有不同的看法。第二是两国关系问题,双方一致认为我们两个民族历史中有共同之点,都有过相同的经历,因此对国家主权,民族独立,建立平等的、互不侵犯的关系非常敏感。双方都谴责了苏联对罗中两国的态度,再一次强调了罗中两国、两党应该按建立起完全平等的关系。第三是国际共产主义运动应该保持团结的问题。第四是南斯拉夫的问题。对后一个问题，我一直记得乔治乌–德治的观点。他认为中国和南斯拉夫一定会和好，因为它们有共同的历史，共产党取得领导权都是他们自己斗争的结果。另外，这两个国家对独立自主很敏感，在怎样保证本民族的前途问题上有自己的想法。乔治乌–德治那个时候就说这几个因素比起思想垄断、政治霸权更重要。因此，这两个国家一定会和好。在中苏大论战的时候，我们领导人已经感觉到毛泽东主席实行的反对修正主义、反对大国主义路线都是要恢复中国在国际舞台上的地位。

毛泽东主席接见了代表团，这是他同代表团全体成员的合影。第一排的中方领导人有毛泽东、刘少奇、周恩来、朱德、董必武，邓小平、彭真、李先念在第二排，我站在毛泽东主席后面，与邓小平挨着。这张照片也如实地反映了当时中国与罗马尼亚的关系，因为中国最主要的领导人都在场。不仅如此，罗马尼亚代表团受到了其他外国代表团都不曾享有的礼遇，由李先念陪同到中国各地去参观。代表团首先去东北参观了大庆油田。我记得当时那里开采石油的铁塔多得很，但离它们不远的地方还有工人的宿舍。它们都是那种单独的小房子，房子前面是小花园，后面有可以种的地。当地的干

毛泽东会见罗马尼亚代表团

李先念陪同毛雷尔参观

部告诉我们:"将来的居民居住的环境将会是这样,左右都是工厂,中间是人们居住的地方,生活方面的设施什么都有,环境都很和谐。"当时,那里环境确实很不错。大庆油田保证了中国当时液体燃料的自给自足。此外,我们还有幸参观了旅顺军事港口,鞍山钢铁厂、上海机床厂等,到处都受到了群众的热烈欢迎。这是在上海访问的照片,你可以看到盛大的场景,少先队员伴随罗中领导人走在最前排,两边红旗招展,欢迎群众挥舞彩绸。

然而,最能体现两国关系亲密无间、坚定不移的是在罗马尼亚大使馆的聚会和在昆明的道别,它们充分展示了罗中两国领导人互敬互重互信。这张就是在罗马尼亚大使馆聚会时照的,周恩来总理、彭真和毛雷尔、波德纳拉希四人挤在一张长沙发上,李先念和贺龙元帅分坐在两边,手里都拿着酒杯。你看,气氛多好啊。右数第三位女士是波德纳拉希弟弟的妻子。在这过程中,我有一种混合着的是礼节、人格魅力和完成一件好事的满足感,有一种温暖的气氛和充满喜悦与亲热之情。在很大程度上可以说,以后的罗中关系的发展正是得益于1964年罗中两国硕果累累的对话。

1964年10月,赫鲁晓夫下台,其党政领导职务分别由勃列日涅夫和柯西金接任。中苏大论战中所涉及的重大问题虽然无一得到解决,但因苏共最高

周恩来与毛雷尔在罗驻华使馆会面

领导人的更换而大大地降温,不再有过去那种直接的交锋。另一方面,1965年乔治乌-德治去世、齐奥塞斯库出任罗马尼亚党政主要领导职务。在这之后,罗马尼亚与苏联、与中国的关系都发生了微妙的变化。在这样的背景下,罗马尼亚在中苏之间调停的举动就不多了,但还有。我给你看两张照片。1965年7月,罗马尼亚工人党召开乔治乌-德治去世后的第一次党代会,即第九次党代会。正是在这次大会上,罗马尼亚工人党重新恢复了共产党名称。照惯例,许多国家的共产党受邀前来参加。中共代表团以邓小平率领的,而苏共代表团却是党的一把手勃列日涅夫率领的。齐奥塞斯库想利用两党参会的机会,调解中苏两党之间的矛盾。你看,这两张是罗中苏三党领导人步入会场的照片,邓小平和勃列日涅夫在两侧,齐奥塞斯库在中间分别挽着他们俩人的胳膊,向人展示的就是罗马尼亚站在中苏之间的立场。类似的事儿，1974年还有一次。参加同样一个活动的有柯西金和李先念，当时齐奥塞斯库也打算站在中间，但是柯西金走了几步，明白齐奥塞斯库的意思，就表示不再往前走了。

第五章　给访问罗马尼亚的中国领导人当"拐杖"

1. 给朱德元帅当翻译

罗明：我一生中最宝贵的经历就是被派往中国完成大学学业。这让我有幸认识了中国老一辈革命家以及新中国的领导人，以翻译和外交官的身份认识了毛泽东、刘少奇、周恩来、朱德、邓小平、陈云、陈毅、彭真、彭德怀、贺龙、李先念，以罗马尼亚驻华大使的身份认识了江泽民、李鹏、乔石、李瑞环、杨尚昆、万里。此外，我还见到过华国锋和胡锦涛主席。

在中国高层领导人中，第一个到罗马尼亚访问的是朱德元帅。

第五章 给访问罗马尼亚的中国领导人当"拐杖"

1955年12月21—30日,朱德元帅率中国共产党代表团来到布加勒斯特参加罗马尼亚工人党第二次代表大会并对罗马尼亚进行了友好访问。在这过程中,他不仅与罗马尼亚党和国家的领导人进行了多次会谈,还重点参观了罗马尼亚的一些工厂,其中一些工厂是从来没有对外国人开放过的。你知道,在那个时候,中国方面派这样一个非常高级的代表团出席我们党的代表大会是一件很重要的事情。对此,乔治乌-德治等党和国家领导人非常的高兴,也都感到很荣幸。代表团团长朱德元帅当时是中共中央书记处书记、中华人民共和国副主席,代表团成员中还有聂荣臻元帅、刘澜涛和曾做过毛泽东主席秘书的师哲。他们本来要坐飞机直接到布加勒斯特,后来不知道是什么原因改乘火车了,从苏联转道而来,先后在莫斯科和基辅做了短暂逗留。于是,罗马尼亚方面派专列到罗苏边界城市雅西,当时前去迎接中国代表团的有罗马尼亚工人党第一书记阿波斯托尔,中央委员萨拉扬和达列亚以及其他一些高级官员。我爸爸当时是东北区铁路总局的局长,也在雅西车站。前去迎接的还有中国驻罗马尼亚大使柯柏年。我那时虽然还在北京大学中文系读书,但已经是外交部的工作人员了,所以,被调回布加勒斯特作为中国代表团的翻译。就这样,我从头到尾参与了罗中两国领导人的会谈,并且全程地陪同了

朱德到达雅西车站

朱德元帅一行在罗马尼亚的访问。

中国共产党代表团到达雅西的时间是21日一大早，天还没有亮，车站上的灯都开着。罗马尼亚方面在站台上举行了一个隆重的群众欢迎大会，这个欢迎大会很能说明罗马尼亚当时对中国派这样一个重要的代表团来出席我们党代表大会的重视。在欢迎大会上，雅西州委第一书记盖尔捷拉许致了欢迎辞。接着，朱德元帅发表了热情洋溢的讲话。我就站在他的后面，现场翻译。朱德元帅做的是书面讲话，手里拿着一个讲稿。我这是第一次为中国高层领导人当翻译，当时心里还是挺紧张的。朱德元帅讲话又有四川口音，所以，他说的一些词汇我并不完全明白。好在朱德元帅是远视眼，讲稿上的字写

朱德在布加勒斯特车站向欢迎者挥手

的很大。于是，他讲话的时候，我就从后面伸着脖子看他的讲稿。这样，我的现场翻译进行得非常顺利。直到今天，我还记得他讲的一些句子，比如，"自从踏上了罗马尼亚美丽的领土，我就感受到了罗马尼亚人民的热情好客。"

我跟朱德元帅在雅西第一次见面，代表团一共在罗马尼亚逗留了一个多星期，我一直陪同他们并且作翻译。坦率地说，我对这次访问要给予很高的评价，因为它第一次为罗马尼亚领导人乔治乌–德治和他的助手提供了见到中国高级领导人的机会。这次是中国第一个重要的代表团来罗马尼亚访问，而且是一个高级的代表团，它表明罗中双方都愿意建立牢固的友好合作关系。

除此之外，尽管阿波斯托尔等人一年前去过中国，但是，朱德元帅他们却从来没有到过罗马尼亚，没有同罗马尼亚领导人打过交道，不熟悉罗马尼亚的情况，也不熟悉罗马尼亚人的性格和思维方式。但是，他们坐在从雅西开往布加勒斯特的列车上的时候，与罗马尼亚朋友交谈得十分愉快，感觉都很舒服，似乎有一种难得的特殊情感。

专列于下午5点钟左右到达布加勒斯特的国王车站。这一张是我们从列车下来、正在月台上行走的照片，朱德元帅左边是萨拉扬，他当时也是罗马尼亚的武装部队部部长，也就是国防部部长，右边聂荣臻元帅，我在我们的国防部长后面。罗马尼亚方面对这次访问的重视程度从前来迎接者也能看出，当时党和国家的主要领导人几乎都到站台上来了，如乔治乌－德治、基夫、基辛涅夫斯基、波德纳拉希、波里勒、德勒吉奇、法泽卡斯，外交部长普利奥蒂亚萨等人。我们陪同中国代表团走出站台，穿过候车室，看见车站前面的小广场上有许多人聚集在那里。前来欢迎的人有好几千，我想告诉你，其中除了布加勒斯特的各界代表、中国大使馆的全体人员之外，还有应邀前来参会的其他国家的共产党或工人党的代表团、各国驻罗马尼亚的外交使节等等。

他们手里举着中国的国旗和"欢迎中国共产党代表团"、"欢迎朱德元帅"等标语，现场的人们都很兴奋。我可以把一些当时的照片拿给你看。你看这张照片，朱德元帅在乔治乌-德治、基伏·斯托伊卡陪同下站在候车室前面的台阶上，我站在他的另一侧。当时，罗马尼亚工人党领导核心就是乔治乌-德治、基伏·斯托伊卡和阿波斯托尔。看到那么多人在热烈鼓掌、喊口号地欢迎，朱德元帅不停地向大家挥手致意。看上去他很想问候大家，可是，朱德元帅又不会用罗马尼亚语来表达。于是，朱德元帅转过头对我说："罗明，替我问同志们好！"我一时也不知道该怎么说，想了一想，就向欢迎人群大声喊道："中国共产党中央委员会代表团团长朱德元帅向你们表示亲切的问候！"欢迎人群发出一阵阵的欢呼声，我这样解决了向欢迎群众问好的翻译问题。

朱德元帅的来访和乔治乌-德治亲自迎接充分说明罗中两党关系的不一般。当时，苏联共产党也派了一个代表团来布加勒斯特，但团长却是一个名不见经传的基里钦科，而中国共产党派来的代表团却是由重要领导人率领的。在布加勒斯特，罗马尼亚方面安排中国代表团住在一个非常重要的招待所里，那里儿的条件非常好，环境也很优美，现在是自由民主党的总部。

罗马尼亚工人党第二次代表大会是12月23日到28日在一个音乐厅里举行的，因为布加勒斯特大规模的市政建设工程是从1959年开始的，1955年那个时候没有什么

朱德在罗马尼亚工人党代表大会上讲话

名副其实的举行大会的礼堂。24日,朱德元帅在大会上代表中国共产党致辞。本来,像朱德元帅这样一个重要的代表团团长讲话,罗马尼亚方面应该派一个高级干部来做翻译,但高级干部中没有会讲汉语的,所以,大会就让我来翻译。我是会场上唯一的年轻人,其他人都是党的干部。你看,这张照片就是朱德元帅讲话时,我站在他旁边进行翻译。

虽然过去了60年,但对他的讲话还是有些印象。他在讲话中主要盛赞罗马尼亚社会主义建设所取得的伟大成就和罗马尼亚工人党的正确领导,也介绍了中国当时的社会主义改造进展情况。当然,他重点强调的还是中国和罗马尼亚两国的友好与合作,要加强整个社会主义阵营的团结。

我还清楚地记得,朱德元帅的致词多次被雷鸣般的掌声和欢呼声所打断,特别是在他最后高呼口号的时候。在访问期间,朱德元帅同乔治乌-德治进行了多次会谈,而且他们会谈的方式是多样的。朱德元帅和代表团其他成员正式拜会过乔治乌-德治,而乔治乌-德治至少两次专门到这个招待所来拜会朱德元帅。另外,他们也进行过单独会谈。关于他们谈话的内容,我曾经写过一篇文章。我认为,至少有两点值得强调指出。第一,乔治乌-德治对中国共产党这样重视罗马尼亚工人党代表大会表示衷心的感谢,因为这暗含着中国对罗马

乔治乌-德治与朱德会谈

尼亚的支持。1954年，罗马尼亚已经开始要求苏联领导人把苏联军队从罗马尼亚撤出去。当时，罗马尼亚领导人脑中有这样一种想法，就是恢复罗马尼亚独立自主的地位。因此，中国派这样一个代表团来罗马尼亚已经是对罗马尼亚的很大支持，乔治乌-德治非常重视这一点。第二，乔治乌-德治那个时候已经提到苏联在对待罗马尼亚等东欧国家的政策上犯了一些错误，有一些做法是不对的。罗马尼亚方面就曾提出过，搞像"苏罗"这样的一些合资公司是不公平的，既不重视也不尊重罗马尼亚的国家利益，多半是为了给苏联提供控制东欧的方便。

　　二战之后，由于主客观的一些因素，罗马尼亚也实行了对苏联"一边倒"的外交政策，但从五十年代中期起开始试图摆脱苏联的控制，实行一种独立自主的、甚至在某种程度上与苏联对抗的政策。可以这样说。乔治乌-德治比那个时候的我们懂得多的多，我老早就有这种感觉。他一直认为有必要跟中国发展关系，以便减轻抵消苏联给罗马尼亚施加的一些压力，也为了消除我们那时所说的"思想垄断权"和"政治称霸权"。当时，乔治乌-德治同朱德元帅的谈话，甚至我们三个人在宴会厅角落里的谈话，主要探讨的始终是要明确中国同罗马尼亚有什么共同点、有一些什么共同的历史经验，也就是有什么共同的基础能够一起对付苏联不正确的态度、政策和不公平的事情。比如，苏联一直把罗马尼亚看成是帝国主义的产物，说罗马尼亚占领了一大块本来属于苏联的地方，它指的就是比萨拉比亚。其实，沙皇俄国1812年霸占了原来是摩尔多瓦公国的有罗马尼亚人居住的比萨拉比亚。关于按照维也纳协议1940年让给匈牙利的罗马尼亚西北部，安东内斯库当时一直劝说希特勒把它还给罗马尼亚。问题比较复杂的是，罗马尼亚与苏联在比萨拉比亚这个地区有争执。当然，我们也承认苏联在罗马尼亚解放和战后发展的过程中所起到的作用，承认苏联人曾经帮助过我们。但是，有一些东西不能不看到，比如，比萨拉比亚问题涉及罗马尼亚的民族历史和情感。你先看看这张照片。这是在欢迎中国代表团的宴会结束之后，乔治乌-德治朱德元帅在宴会大厅一角进行的谈话，我做翻译，就我们三个人。

虽然是第一次给两国领导人做翻译，我一点没感到紧张，相反觉得很轻松，因为他们两人都非常和善。朱德元帅讲话带有浓重的四川口音，但他讲的句子比较简单，所以，我能够听懂。这次谈话持续了二十多分钟，此前我们是在一起吃过饭。我这里还要说一点，朱德元帅讲话句子比较短，有时候很简单，好像是把他要讲的意思用这种简单的方式暗示给你。当然，这对第一次给两国领导人做翻译的我来说，也不是容易的事。所以，我翻译的时候，我需要用罗马尼亚语把他的短语充实起来，使它们完整化。他们虽然是第一次接触，但谈的内容还是比较广泛的，主要涉及各人民民主国家同苏联的团结、反对帝国主义保卫和平以及互相帮助、互相合作问题，在石油方面的协作、商业方面的交流和技术合作等问题。不过，我记得，在这次会谈以及后来的会谈中，他们讨论最多的是罗马尼亚同苏联的合营公司问题、中国同苏联合营的公司问题。双方都觉得这些企业经营得不太公平，比如，罗马尼亚把森林、铀矿都交给了苏联。朱德元帅对苏联的政策也有意见，觉得这样是不尊重罗马尼亚的民族利益。与此同时，乔治乌–德治和朱德元帅还讨论了罗中必须得加强合作的问题，特别是在石油工业、能源等领域要加强合作。当时，乔治乌–德治承诺罗马尼亚要积极的帮助中国在玉门，新疆那一带发展石油开采工业。所以，朱德元帅在这次访问中，参观了不少能源方面的工厂。

咱们看一些老照片。这张是参观布加勒斯特"毛泽东汽车制造厂"，朱德元帅一行受到了热烈欢迎。陪同他访问的除了我之外，还有罗马尼亚国防部的一位将军。这个汽车制造厂是1953年用毛泽东的名字命名的，一直用到60年代初。据我和萨安娜的回忆，当时取消了好几个以外国领导人命名的工厂企业。其中重要的原因之一，就是罗马尼亚为了在中苏之间搞平衡吧。如今，这个工厂虽然还有，但主要是生产无轨电车了。可是，

第五章　给访问罗马尼亚的中国领导人当"拐杖" | 123

朱德在罗马尼亚工厂参观

时过境迁，如今的一切都与那时的完全不同了。访问这个工厂的时候，工厂举行了一次热情的群众大会，几乎所有的职工都参加了。朱德元帅发表了讲话，大概有十五分钟左右的样子，主要是向大家问好，希望努力发展中国与罗马尼亚的关系等等。既然那一次群众大会是在以毛泽东主席的名字命名的工厂里举行的，毛泽东的革命领袖个性，罗中友谊与合作就成了主客双方讲话的主要内容。朱德元帅的这次访问持续了几个小时，各个办公室或车间的职工都表现出对客人的尊敬和友情。大家都希望发展中国与罗马尼亚的关系。

参观完"毛泽东汽车制造厂"之后，朱德元帅他们还参观了沼气发电厂，鞋厂，服装厂，石油工业制备厂和炼油厂等等。这张照片是他参观一个用沼气发电的工厂。朱德元帅对这个工厂非常感兴趣，后来跟乔治乌-德治谈话时说："我们四川那里天然气资源很丰富，中国们应该充分的利用这样一种资源发电。"乔治乌-德治非常赞同朱德元帅的看法，当时就说："你们什么时候要设计图或者专家，我们都愿意给你们或派到你们那里去。"站在朱德元帅后面的一位技术人员比较详细地介绍了发电厂的情况，我把这些全部译给了朱德元帅了。其实，这个电厂也不是很大，但是用天然气作为动力。

这几张照片是朱德元帅参观了"乔治乌-德治"服装工厂，站在他旁边的是聂荣臻元帅，后面这个个子比较矮的是罗马尼亚国防部的那位将军。我左边的是当时罗马尼亚工人党中央书记处书记，他负责对外关系，后来当过罗马尼亚驻莫斯科大使。在布加勒斯特市内参观

朱德参观罗马尼亚工厂

了一些工厂之后，我还陪同朱德元帅一行来到了罗马尼亚的石油工业中心普洛耶什蒂参观。普洛耶什蒂市在布加勒斯特以北近60公里处，这里有许多炼油厂、化学工厂、石油设备制造厂。朱德元帅对我们的石油工业特别是炼油厂非常感兴趣。这也不奇怪，50年代初，中国就开始从罗马尼亚进口一定数量的石油和石油钻井设备。根据中罗技术协定，1954年2月，一支由11人组成的钻井工作组来到中国帮助发展石油工业。他们先到了玉门油田，后来又从玉门到大庆。另一方面，中国派往罗马尼亚的第一批五名留学生中，就有一个是专门学习石油开采的，他后来当上了中国石油工业部的副部长。在普洛耶什蒂访问时，朱德元帅还在钻孔设备旁边同技术员和工人们亲切交谈，对为中国生产开采石油的设备的工人和技术人员表示感谢。

朱德元帅是我见到的第一个中国的重要领导人，给我留下了很深的印象。（萨安娜插话：陪同代表团回来，罗明经常对我讲朱德元帅有多么可爱，他的态度有多么谦和，一点领导人的架子也没有。）朱德元帅是非常重要的人物，他说的话都会变成一种影响力很大的命令，他旁边的人都会意识到自己是在跟这样一个大人物在谈话。但事实上，朱德元帅一谈起话来是随便，也很温和的。我记得，他不在乎那些外表的小事，比如，从宾馆出来的时候，常常是警卫员帮他整理衣服、帽子。

他认为这些小事不重要,不想让这些小事打搅自己内心世界。我还要告诉你一件事,朱德元帅十几年之后还是能记得我的名字。大概是在60年代末或70年代初,具体年份我记不得了,有一天,我和一些朋友到香山游玩。在爬山的时候,我看到朱德元帅也在那里散步,跟在他后面的是那位曾经陪同他访问罗马尼亚的警卫员。我走到他跟前说:"朱德元帅,您好!"他转过身来,脱口而说:"啊,罗明!"然后,他热情地跟我握了手。我非常感动,过了那么多年,他还能想起我。

1954年格罗查博士访问中国的时候,中罗关系中还有不少客客气气的因素,但到1955年则有了实质性的提升。朱德元帅率领代表团到了罗马尼亚,虽然不是毛泽东同志,但他的地位也是谁都知道的,是一个很受人尊敬的领导人。实际上,从1954年以来,人们就可以感受罗马尼亚同中国有一种特殊的关系。除了两国领导人互访之外,人们可能从其他方面感觉到罗中关系的变化。在罗马尼亚,人们常常说这样一句话:"我又不是中国人,你怎么听不懂我说的话?"意思是说中国是另外一个世界,中国人有其独特的思维方式和价值观念,跟中国人打交道不容易,同中国人成为朋友更难。但是,我到中国之后,并没有感受到有这种距离。不仅如此,我还发现,我们两国领导人之间的交往也同样是很自然,很亲近。人与人之间的顺畅交往也是两国关系良好的有说服力的证据。

2．给周恩来总理当翻译

罗明：在中国高层领导人中，最使我难忘的是周恩来总理。我与他的交往中除了官方涵义之外，还包含着丰富的情感，而这些随着时间流逝有着更为久远的价值。我永远记得的是，在许多招待会上，不论是以主人还是客人的身份，周恩来总理都会在与会者中转上一圈，向每个人问候几句。他也常常会注意到我，然后说："嘿，罗明，干杯！"要知道，我的外交级别本来是享受不到这种干杯的礼遇。

我第一次见周总理是在1954年。周总理接见罗马尼亚新任驻华大使，我陪同前往。在50年代，由于多种原因，罗马尼亚驻华大使更换得比较频繁，1950~1952年是鲁登科，1952~1956年是郭佐文，1956年换成乔洛尤，1957~1959年还是鲁登科，1959~1961年是扎哈列斯库，1961年换为乔治乌。在那个时期，周恩来既是总理又是外交部长，所以，罗马尼亚每一个新的大使到任，总是会受到周总理的接见。从1954年起，到任的大使受周总理接见时，都由我陪同并做翻译。所以，我跟周总理会见的次数比较多。

表面上看，这不过是罗马尼亚更换驻华大使，可在很大的程度上也反映了罗马尼亚同苏联、同中国关系的复杂性。鲁登科中学时代就参加了罗共的地下活动,与乔治乌-德治一起蹲过监狱。所以,他深得乔治乌-德治的重用。在来中国之前,他担任过罗马尼亚驻南斯拉夫大使并兼任驻阿尔巴尼亚公使。1952年回国之后,鲁登科升为外交部副部长。也就是在这一年,罗马尼亚工人党中央将包括外交部长波克夫人在内的一些亲苏派开除出党,外交部的许多领导人也都被撤职了。需要指出的是,鲁登科原本是乌克兰人,但国籍是罗马尼亚,他的地位和作用在某一种程度上同罗马尼亚靠近苏联的政策是密切联系在一起的。让他当大使,这也表明罗马尼亚当时在对苏关系上也是小心翼翼的。郭佐文在任的三年相对平淡,他原来是一个铁路工人,后来当选为中央候补委员。但是,1956年来华任大使的乔洛尤本来是外交部副部长,这说明罗马尼亚比较重视对华关系。由于苏联在斯大林去世后对东欧控制的相对放松,也由于我们自己政权的巩固和经济实力的增强,从1957年起,罗马尼亚开始改变向苏联一边倒的政策,试图强化自己的自主性。为此,罗马尼亚工人党中央就大规模地调整干部,亲苏的鲁登科再当外交部副部长好像就不那么理想了,于是就把他派到中国来当大使。当然,这还因为他曾在中国居住过。鲁登科1959年2月回到罗马尼亚后,被任命为俄语学院院长,这个学院相当于一个大学。在向苏联一边倒的时候，罗马尼亚建立了俄语学院，布加勒斯特有斯大林塑像，有斯大林广场，有一个苏联解放者的纪念碑，有斯大林大街，几条重要的街道以苏联元帅的名字命名的，好几个中等学校都带有苏联人的名字，还有一个俄文书店。罗马尼亚工人党中央内部有许多人是亲苏联的，完全接受了当时苏共的理论。在当时，国际主义的基石是忠实于苏联。罗马尼亚的特殊机构都是在苏联专家的指挥下。1957年换大使，主要是不让鲁登科再做外交部副部长。1962年，罗马尼亚进一步调整自己的对苏政策，到1964年，上面说的那些都取消了。1965年，基夫访问苏联时，罗马尼亚与苏联关系成为讨论的重点问题。勃列日涅夫对基夫说："你们在罗马尼亚开展了一个反苏运动。"基夫则辩解说道："这些不是反苏运动，我们还继续坚持同苏联的友好关系，同苏联的联盟。我们承认苏联在战争中给予罗马尼亚的帮助，也承认它协助我们发展经济。但是，按照罗马尼亚的民族特性，我们认为有必要改变当时的一些极端的做法。"

我多次见周总理，每一次他留给我的印象都很深。不过，比较特殊的还是1956年的那一次。当时，国际形势发生了比较大的变化，东欧发生了波匈事件，苏共召开了二十大，中共不仅发表了《论无产阶级专政的历史经验》和《再论无产阶级专政的历史经验》两篇文章，而且召开了第八次代表大会。在这样新的气氛当中，苏联已经提出了和平共处的口号，它以为可以通过协商、谈判同美国解决一系列的国际争端，包括中国的台湾问题在内。因此，在印度举行的一个国际红十字会议上，苏联代表就主张中国大陆同台湾同时加入这个国际组织，通过这种方式慢慢地解决台湾问题。当年夏天，我陪同罗马尼亚驻华大使乔洛尤拜访周恩来总理。我们一进去，他就上前跟我们打招呼，并给我们让座上茶。周总理穿着一身浅灰色的薄制服，看上去心情很不错。可是，当提及苏联建议中国红十字组织参加在新德里举行的世界红十字组织大会时，气氛一下子变得十分严肃起来。周总理明确地说："苏联的这种主张是不对的，我们绝对不能接受。" 周总理从左手小指开始一个一个地数，有条理地向我们列举种种理由来解释他的观点。他说，虽然收到了邀请，中国红十字组织将不会参加大会，因为隶属于台湾政权的红十字组织将出席大会。中华人民共和国不会参加任何一个有"中华民国"代表参与的国际组织，也将不会出席任何一个有台湾省代表参加的国际大会。周总理一口气说完了这些，然后叫来速记员，把这些记录并传送外交部，把它作为中国政府的官方立场。几周后，罗马尼亚的国庆招待会上，周恩来总理完整表述了中国对这一问题的立场，即中华人民共和国不会加入任何一个有蒋介石代表的组织、机构，中华人民共和国的代表不会出席任何有蒋介石代表出席的会议。这表明了周恩来总理怎样发挥他的外交智慧。

1958年,我们部长会议主席基夫访问中国。周总理作为主要的东道主接待了他,我是基夫的陪同和翻译。他们会谈的主要内容是罗马尼亚和中国的合作与交流问题,有经济方面的,有科学技术方面的,也有文化方面的,他们谈得非常好。基夫同周总理会谈之后,又去了湖南洞庭湖,在那里见到了毛泽东主席。总的来说,周总理从一开始给我留下的印象就非常好。他为人非常和蔼可亲,对待我好像是对待自己的孩子一样,让我感到非常温和亲切。

到了60年代,我与周恩来总理接触的机会更多了。60年代初期,为了让外交使团了解中国现状,中国外交部组织在京的外交官及其夫人一年两次外出调研旅游。周恩来总理当时兼任外交部部长,许多具体事宜都是他亲自安排。我是作为大使的翻译和使馆的工作人员

周恩来在罗马尼亚驻华使馆的招待会上讲话

全程陪同。我还清楚地记得，第一次参观游览是安排在天津。当时的天津混凝土公路很宽阔，来往在车道上的车却是什么样的都有，骡车，人力车，独轮手推车，黄包车和自行车，还有身负重担的行人。我还有幸出席过多次由周总理主持的活动。据我的观察，周总理总是十分小心地处理各种关系，尽量避免出现任何差错。1962年12月，罗马尼亚驻华大使馆筹备共和国日招待会的时候，时任大使的德米特鲁·乔治乌神秘地笑着对我说："这次我们要邀请所有的中国领导人出席，包括毛泽东主席。"我十分惊讶地说，这不大可能吧。虽然这是一次盛大的纪念会，但是，我们不能忽略的事实是毛泽东主席一般从不出席这类招待会，更何况这天也并非是罗马尼亚国庆节。大使保持微笑，还是让我们把所有中国领导人考虑在内。不过，令我吃惊同时也让其他外交人员十分惊讶的是，这次招待会很成功，来了很多中国领导人，其中包括周恩来总理。常常是尊贵客人的苏联大使也来出席了。表面上，这次招待会并没有传达出什么特别的信息。然而，这么多中国领导人友好热情地出席招待会，已经说明了它的很深刻的涵义。1962年，罗马尼亚代表不同意莫斯科领导人观点，而中国的领导人除了毛泽东主席之外都出席了罗马尼亚驻华大使馆的招待会。实际上，我们这也是通过某种方式暗示，中国与罗马尼亚是站在一起的。

第五章　给访问罗马尼亚的中国领导人当"拐杖"

之所以如此，也是有原因的。1962年，在经互会的几次会议上，罗马尼亚代表都站出来反对苏联及其追随者提出的一体化建议，认为这些建议损害了成员国的主权和独立，妨碍了它们按照自己的意愿发展本国经济。罗马尼亚方面每次都向中国驻罗马尼亚大使馆介绍这些情况，也了解到了中国政府支持罗马尼亚的做法。在这种背景下，罗马尼亚驻华使馆邀请中国的高级领导人出席国庆招待会，就是要向全世界表明，罗马尼亚有像中国这样的重要朋友的支持。

我上面讲的都是在中国发生的事，下面再讲讲周恩来总理访问罗马尼亚的一些情况，特别是周总理1965年和1966年两次到罗马尼亚访问的情况。

周恩来总理第一次访问罗马尼亚是在1965年。这年3月19日，乔治乌-德治在布加勒斯特因病去世，当时才64岁。罗马尼亚为乔治乌-德治举行了隆重的葬礼，各社会主义国家都派代表团出席了。中国代表团就是由周恩来总理率领的，副团长是谢富治。本来在早些时候，中国方面就向罗马尼亚提出周总理访问罗马尼亚的建议，但因乔治乌-德治患病不能出面接待而未能成行。乔治乌-德治同志去世为周总理的访问提供了契机。乔治乌-德治去世后，中国方面不仅主要领导人都发去的唁电，《人民日报》发表了高度评价他的社论，而且决定派周恩来亲率中国党政代表团前往布加勒斯特。3

周恩来在罗马尼亚参观

月24日,罗马尼亚为乔治乌–德治举行了国葬,先在共和国广场开了追悼大会,然后由罗马尼亚党政领导人、群众代表和外国代表团组成的送殡的队伍,周恩来总理和许多从各地赶来的领导人一起走在送葬队伍的前列。他们走在马盖鲁大街上,一直护送乔治乌–德治的灵车到"为人民、祖国的自由和社会主义而斗争的英雄纪念塔",在这里举行了安葬仪式。从共和国广场到墓地,距离有几公里。罗马尼亚的3月,天气还是比较寒冷的。其他人都穿着厚厚的大衣和戴着皮帽子,只有周总理身着深色中山装与长裤,略显单薄,大家都对他完全不在意严寒而感到惊奇,说他的身体很健康、很结实,第二天的罗马尼亚的报纸也提到了这一点。周总理之所以这样做，主要是想以此来表达对乔治乌-德治的尊重和哀悼。当然，中国人与西方人的穿着也与西方人有所区别。中国人有一个习惯，就是穿衣服的时候有一个背心，下面还有毛线裤子。尽管如此，罗马尼亚方面还是怕把周总理冻病了，毛雷尔和波德纳拉希等反复劝他穿上大衣，可是，周总理还是坚持到葬礼结束。

参加完乔治乌-德治的葬礼之后，中国代表团25日参观了普洛耶什蒂州的一座博物馆，这里原是囚禁过乔治乌-德治的监狱，还参观了这里的炼油厂和石油化工厂。离开罗马尼亚之后，中国代表团又访问阿尔巴尼亚等国。但是，你知道，中国方面之所以如此看重乔治乌-德治葬礼这件事，还是有其他考虑的。1964年赫鲁晓夫下台，中苏论战告一个段落。乔治乌-德治去世，齐奥塞斯库成为罗马尼亚党的新领导人。对中国来说，它需要了解苏联新领导对中苏论战的立场，也想了解罗马尼亚新领导人对中苏论战的态度。另外，其他社会主义国家也想知道中国的立场和观点是否发生了什么变化。所以，我说，乔治乌-德治的葬礼也是一个特别的外交场所。

当时，罗马尼亚方面还劝中国共产党领导人恢复同南斯拉夫的正常关系，但那个时候还没有什么显著的进步。我还记得这样一件事。在乔治乌-德治葬礼上，忽然，一个运动员般身材高大的男子向我走来，跟我说想要问候周恩来总理。我没有记住他的名字,但他风度翩翩,使我不得不考虑他的请求,陪同翻译众多的职责中还有一条是要让客人避免尴尬境地。我把他介绍给了周恩来总理,他们两人握了手并寒暄了几句。最后,周总理问我:"他是谁?"我告诉周总理:"我也不知道他是谁。"。后来,我问别人才知道,他是南斯拉夫的领导人兰科维奇。中国与南斯拉夫之间的激烈论战,尤其是来自中国方面的批判性的声音是众所周知的。我知道周恩来总理已经记住了他的名字,但他什么也没有说。

在葬礼结束几个小时之后,我陪周总理走进党中央招待所,这里曾是尼古拉王子的宫殿。罗马尼亚工人党将在此举行与中国代表团的午宴和正式会谈。齐奥塞斯库,毛雷尔,波德纳拉希都很高兴地祝贺周恩来总理,因为他做出了历史性的举动,向意识形态与政治上的对手——"南斯拉夫修正主义代表"——伸出了手。周恩来总理笑了起来,毫无疑问,他把罗马尼亚领导人的祝愿看作是一个好兆头。尽管1958年中国又批判南斯拉夫了,但是,周总理心里明白,中国与南斯拉夫的关系总有一天会好起来。我觉得乔治乌–德治说过的一句话特别正确:中国共产党人心里早就有了准备,批评现代修正主义其实只是一个暂时的计策。再往后,中国与南斯拉夫关系正常化,铁托元帅访问北京并与毛泽东主席会面。对罗马尼亚外交而言,这也是令人高兴的。我们为那些与罗马尼亚有紧密关系的国家间关系的正常化努力奋斗。另外，在这次会谈中，周总理同罗马尼亚的新领导人齐奥塞斯库就双边关系、国际共运中的一些问题进行了初步的意见交换。

1966年，周恩来总理又一次访问了罗马尼亚。那是一次正式的国事访问。罗马尼亚方面很重视这次访问。尽管毛雷尔部长会议主席是周恩来总理访问的邀请者，但是，刚被选为罗共中央总书记的齐奥塞斯库要求由他率领罗马尼亚代表团同中国客人会谈。于是，会谈就在齐奥塞斯库办公室旁边的会议厅里举行。为此，罗马尼亚方面还做了充分的准备，打算同周恩来总理谈国际形势，国际共产主义运动，罗马尼亚同中国关系的发展等方面的问题。你知道，1964年8月美国空军开始轰炸北越，发生了东京湾的事件。在这样的背景下，周恩来总理在他的讲话中大约用了十分之六的时间来表达这样一个意思：那就是苏联始终希望同美国达成一个协议，停止印度支那战争，而中国那个时候认为社会主义阵营一方还不善于充分利用战场上的优势在会谈的桌边达成一个有利的协议。中国领导人不止一次说过，在会谈的桌边可以达成的协议都取决于战场上的结果，举行会谈的那些人必须得知道怎样充分的利用战场上取得的优势。当时，苏联比较倾向于尽可能早一点同美国达成协议解决这一问题，而中国认为首先在战场上获得优势，迫使对方接受我们的要求。所以，周恩来总理虽然是出席乔治乌-德治的葬礼，但是，他的政治目标就是说服罗马尼亚人理解中国的这样一个立场。我现在还记得很清楚，不管是齐奥塞斯库还是毛雷尔，在与周恩来总理交谈的时候，都表示对他介绍的很多情况都不是很清楚，但都非常感谢周总理通报这些，并且也倾向于同意周恩来总理的看法。他们的意思是：我们不应当拒绝谈判，但也应该考虑到什么时候开始、怎样进行谈判。我觉得，周恩来总理做了充分的准备，因此，讲话说服力也是很强的。这给我们留下的印象是非常深的。

在周总理这次访问罗马尼亚的过程中，我不仅与周总理有更近距离的交往，还有一个我终生难忘的故事。我跟周恩来总理后来也经常见面，我们也很熟了，而且我觉得他也很喜欢我。有一天会谈结束之后，周总理要回到罗共中央为他安排的住处，这里过去叫斯纳戈夫宫。当时，罗方的一些领导人要送他去。周总理说："都不用了，你们都留在这儿吧，罗明陪我去就行了。"车来了，他坐上汽车后座。我则打开另一侧车门，弯腰去拉折叠椅。这一般是我做翻译时的专座，便于主客之间的交谈。但是，周恩来总理示意我坐到他身旁。我问他累不累，这并非仅仅出于礼貌，而是确实感到他公务过于繁忙。他回答说不累。然后，我询问他关于晚餐和早餐的意见。这一年，周总理67岁，从中文资料中知道他是三月份出生。所以,我们的领导人想知道一下周恩来总理的生日是哪天,到时想向他表示祝贺,所以让我想法打听。落座之后,我就把话题引到这里。周总理立刻就明白了我的想法,但仍依旧继续兴致勃勃地同我聊着。后来,我就直接问他:"总理,您什么时候的生日?"他没有直接告诉我,而是说:"当树木开花,鸟开始叫的季节。""那是春天",我答道。"是的",他点头。"可是",我有些不解地问:"中国农历有个春天,罗马尼亚阳历也有个春天。您说的树叶抽枝,花朵含苞,小鸟归来的时候,具体是哪个月呢?三月?"周总理看了我一眼,微笑地表示赞同。然而,我再试图探询具体是哪一天的时候,他转移了话题,让我跟他聊聊在北京的学习和我家庭的事情。到了斯纳戈夫宫我下车的时候,周总理对我说:"嘿,罗明,你没有完成你的任务!"然后,他把手放在我的肩膀上说:"不过,没关系。下一次吧!"周总理笑了起来,那是一种只有东方人特有的笑声。对他的要求,我只能毫无怨言地顺从。尽管没完成任务,但是,我还是能够理解周恩来总理。早在20世纪40年代,中国共产党就曾做出过决定,不给共产党领导人庆祝生日,不得给在世的领导人立雕像,不得用领导人名字作为街道、场所或住所的名称等。周恩来总理遵守了这些规则。

下面我再谈周恩来总理1966年那次访问罗马尼亚

吧。这张照片是周总理到达机场时在毛雷尔陪同下检阅仪仗队，我和中方翻译蒋本良先生走在他们的后面。这张照片是周总理与齐奥塞斯库正式会谈的照片，他们坐在正中间的沙发上，我在周总理后边，蒋先生在齐奥塞斯库后边。挨着齐奥塞斯库的是埃列娜·齐奥塞斯库，然后是毛雷尔和他的妻子，挨着周总理坐的是基夫和他的妻子。关于周总理这次访问过程的曲折和原因，蒋先生和我虽然都是见证者，但从各自国家的角度来描述，肯定会有一些不同的地方，但基本事实是不可能有太大的差别。不过，我认为，当时的国际背景对于正确认识周总理这次访问特别重要。

当时，中国和罗马尼亚都面临着比较复杂局面。中国的"文化大革命"已经拉开序幕，这场以反修防修为主旨的政治运动也标志着中国与苏联关系的进一步恶化。罗马尼亚在乔治乌–德治去世之后，进一步强化自主性外交政策，比如，反对苏联对东欧国家的控制，抵制通过经互会和华约搞苏东经济、政治和军事上的一体化。正因如此，罗马尼亚也面临着来苏联和东欧其他国家的比较大的压力，华约国家首脑会议将于当年7月初在布加勒斯特举行。很明显，中国的支持可以大大地减轻苏联对罗马尼亚的压力。另一方面，在中苏争论过程中，罗马尼亚并没有像东欧其他国家那样紧紧追随着苏联，而是持中立的立场并且试图做中间人进行调解。从

周恩来到达布加勒斯特机场

与齐奥塞斯库会谈

这个角度说，中国也需要罗马尼亚的支持。所以，1966年夏天在布加勒斯特举行的中罗对话不仅对于以齐奥塞斯库为首的罗马尼亚领导层而言，而且也是对中国甚至对国际社会而言都是有着特别的意义。还需要说明的是，这一年，美国也在越南危机中越陷越深。周恩来总理这次是正式访问，从6月16日到24日，前后持续了一个多星期。总的说，他的访问还是顺利的，与罗马尼亚领导人的交谈得也非常好，只是到了离开布加勒斯特的前一天举行群众大会的时候，才发生了一个不愉快的情况。

我认为，如果考虑到中国和罗马尼亚的不同情况，双方的立场都是可以理解的。早在六十年代初，罗马尼亚就决定不参加公开争论。1963年6月，政治局候补委员、中央书记拉乌图就召见中国驻罗马尼亚大使许建国，向他通告罗马尼亚方面准备发表中共中央致苏共中央的那一封信，因为在此之前发表了苏共中央致中共中央的信。那个时候，乔治乌-德治向中国方面明确地指出，在中苏论战中，罗马尼亚不准备站在任何一边，完全是中立的。所以，罗马尼亚当时还做了一个决定，在罗马尼亚领土上，不准任何一个国家发表消极地影响到罗马尼亚同第三国的关系或者发行带有这样一些内容的杂志、刊物。应该承认，我自己也曾经向中国大使馆的外交官提出这样的一个问题，因为他们在大使馆墙上的橱窗里展示了这样的东西。我告诉他们,希望以后不要再放那样的一些照片。应当说,在反对苏联的一些做法上,罗马尼亚和中国是有许多共同点。但必须注意到,罗马尼亚与苏联的分歧侧重在控制与反控制方面,而中国与苏联的矛盾主要是意识形态上。另外,中国是一个独立于苏东集团之外的大国,而罗马尼亚则是苏东集团内的一个小国。罗马尼亚需要中国的支持,但又不想进一步扩大自己与苏联的分歧。因此,在中国大论战中,罗马尼亚只能以中立的立场进行调解。

所以,周总理访问过程中出现的一些不愉快的小插曲并不奇怪,而且也没有严重地影响访问的结果。我印象比较深的是发生在"罗中友好群众大会"召开之前周总理与罗马尼亚领导人之间关于讲话稿的争执。这次大会是6月23日下午召开,地点是布加勒斯特共和国宫,来自各界的三千多人出席。在接近午餐的时候,周总理着手修改下午将要在群众集会上的讲话稿,罗马尼亚方面借此机会知道了他的演讲中将有五到七处批评苏联和苏联共产党的地方。罗马尼亚方面的领导人,特别是齐奥塞斯库认为这不行,应当把它们去掉。于是,他就派波德纳拉希来到周总理住的地方,这大概是开会前一个半小时的时候。他请周恩来总理能理解罗马尼亚的处境,我们不能接受在罗马尼亚的一个群众大会上发表这样一些攻击第三国的话语。当时,周恩来总理取消了两处,

步入会场

但是，这样仍没有满足罗马尼亚方面的要求。过了一会，毛雷尔也来了，在别墅左边的侧室里与周总理进行了商谈。毛雷尔指出，罗方的意思是不同意公开论战，更不希望这次中罗联合一起公开指责苏联领导。我们这里有这样一种政策，希望中国朋友理解我们同苏联的关系，我们也不得不照顾他们的一些立场。周恩来总理则解释道，对苏联的批评都是事实确凿的，讲话稿也是经中共中央批准的。最后，为了顾全大局，也因为两位领导人的私人关系，周总理同意再删去了另外两处对苏联的指责。

在这之后，我们坐上汽车就到了共和国宫的大礼堂。不过，有人报告齐奥塞斯库说，周总理的讲话稿中还剩下两三处攻击苏联的话。齐奥塞斯库的性格比较急，也比较容易发脾气。这位罗马尼亚共产党总书记坚持要将其删除。周总理到了共和国宫之后，齐奥塞斯库陪他进入贵宾休息室。落座之后，齐奥塞斯库直接要求周总理把讲话稿中最后几处批评苏联的话去掉。在大厅大窗旁的长椅上，一场紧张严肃的谈话正在展开。齐奥塞斯库说，我们不能允许在群众大会上发表一些攻击性的话语，从而影响我们同苏联的关系。周恩来总理当然不同意了，他提出很多理由。其中根本的一条是："这是我在北京的时候得到的稿子，是我们领导批准的稿子，这是代表我们共产党、我们国家政府的立场的稿子。"齐奥塞斯库还是不同意,周总理仍保持着冷静,重复之前的理由,强调中方已做出了让步并表示不改变立场。这时,齐奥塞斯库站了起来,从衣袋里拿出他的稿子,一下子撕碎扔在地上,然后说:"那好吧,我不再讲话了。"他还说:"这样子吧,我们入场就自由讲话,提到我们的友谊,提到这次访问的成功,还可以提到我们还继续发展我们的合作等等。"很明显,齐奥塞斯库被惹恼了,他建议放弃已经准备好的讲稿,只发表简短的演讲,另一个无奈之选则是都不参加集会了。

齐奥塞斯库把那个稿子撕了之后,在场的人都震惊了,随后是寂静,每个人都听得见自己的心跳,呆若木鸡,好像没什么可说的。这种僵持的局面不仅使这次群众集会迟迟不能举行,更为重要的是,与会者不知为什么,如果开不成的话,肯定还危及到周恩来总理的这次访问,当然更危险的是有损于中罗关系。当时,周总理表情十分严肃。打破僵局是双方妥协的结果,毛雷尔对缓和当时的僵局起了主要的作用。齐奥塞斯库发火后,毛雷尔觉得情况不太对头,所以,小声地用温和的语气对周总理说:"周恩来同志,还是按照齐奥塞斯库同志的建议办吧。"紧张的气氛出现了微小的转机。周恩来请求允许他与代表团的成员进行商议一下。回到代表团中间后,周总理与代表团的其他成员交换了意见之后,出来告诉罗方,他同意自由发表简短讲话,不用原来的讲话稿,但会后不发表联合公报。这样,经过一番波折之后,周恩来总理终于在齐奥塞斯库的陪同下步入会议大厅,等待了近三个小时的集会群众爆发热烈掌声与欢呼,气氛也随之热烈起来。周恩来总理讲得非常好,不时地被听众的热烈掌声所打断。他甚至邀请在场的人有机会的话都去中国,看看中国所取得的伟大成绩,一定会受到中国人民热烈欢迎的。周总理的讲话没有偏离中罗两国人民团结和友好这个主题。周总理讲话的时候,齐奥塞斯库总是转过来在翻译之前问我他说了什么。我的回答让他十分高兴。

这次群众大会虽然圆满结束了,可是,会前周总理与齐奥塞斯库之间毕竟发生过不快,如何结束这次正式访问成了问题。在回住处途中,周恩来总理再次告诉我:"在这样的情况下,中方不同意发表什么公报。"这时已是晚上了。刚把周总理送回到住所,我接到了总书记府邸打来的电话,几乎全部罗马尼亚领导都聚集在那里。他们问我客人们在做什么,我说他们在自己的房间里休息。于是,他们要我马上去齐奥塞斯库家里。到那后,齐奥塞斯库对我说:"你告诉周恩来总理,我们接受他的想法,不发表联合公报。但是,我们还是想发表一个新闻公报,它的内容罗中双方可以协商。"另外,周总理的访问结束,还有一个告别的问题。由于两个人吵架了,所以,齐奥塞斯库想请周恩来总理到他家里来，利用这样一个机会正式告别。齐奥塞斯库让我把这个意思转达给周总理。我要走的时候，波德纳拉希告诉我："你要仔细想想怎么转达这个口信，注意表达方式。"旁边一个人马上说："没有问题，罗明知道怎么说，他有经验。"我之所以提到这一点，是想说波德纳拉希还是很重视同中国的关系。我走过马路，就到了周恩来总理住的地方，向他转达了齐奥塞斯库的意思。周恩来总理同意了，于是，我们就一块去齐奥塞斯库家。齐奥塞斯库非常有礼貌地接待了周总理，他们坐下来喝了一杯茶，谈了一会儿话，也就算正式的告别了。

齐奥塞斯库之所以会在那种场合发火，是考虑到与苏联的关系。苏联方面总是说我们靠近中国，它随时可以改变同我们的关系，把罗马尼亚看成是中国的盟友。1966年，你们同苏联的关系是相当紧张的。罗共中央就决定采取一个中立的立场，所以，不能同意周总理在罗马尼亚的讲话中批评苏联和苏联领导人。这种国际环境使某些规矩成为官方条例并由外交部监督，即任何外国代表机构都不得在罗马尼亚发表或发行攻击他国或将会影响罗马尼亚对外关系的论战材料。其实，齐奥塞斯库对中国还是友好的，只是不同意公开争论的各种各样的表现在罗马尼亚发生。同样，他也不允许苏联人在罗马尼亚攻击中国。当然，

第五章　给访问罗马尼亚的中国领导人当"拐杖" | 149

周恩来访问罗马尼亚

除了对苏联的态度之外，当时中罗之间在其他方面也有分歧。比如，那个时候罗马尼亚主张两个军事集团都应该取消，这样的组织没有必要，对国际形势也起不到什么积极的作用。周恩来总理就说："你们还是不要这样认为吧。"当时，罗马尼亚人没有完全理解他这样一句话的背后有什么想法，但是，既然那个时候两个阵营的冲突集中表现在欧洲的大陆上,可以猜测中方希望不要把这种冲突转移到别的地区。

当然,齐奥塞斯库做事过于严厉,有时甚至带有一些病态。比如,就在周总理的这次访问过程中,两国领导人在罗共中央大楼举行会谈,双方代表每人有自己的座位,我坐在齐奥塞斯库旁边。负责谈话录音的技术人员对我说:"当他们讲话的时候你别讲话,你要在别人不讲话的时候讲,以免声音混到一块。"我的一位朋友是速记员,会谈结束把速记稿子递给齐奥塞斯库看。齐奥塞斯库看后就说这句话他没讲,那句话不是他说,另一句是那样的,等等。这个速记员当时很客气对齐奥塞斯库说:"那请您

周恩来在乔治乌-德治墓前

听听当时的录音。"齐奥塞斯库听完之后,就非常不高兴地说:"以后不准再录我的讲话了。"

周总理这次访问时间有一个多星期,让我们再看一张照片吧。这两张是齐奥塞斯库夫妇陪同周总理步入会场的照片,我走在他们之间稍后的地方,毛雷尔夫妇和波德纳拉希夫妇等人都在后面。这张照片是午宴全景,一张长条桌子,齐奥塞斯库致辞,我做翻译。这张是周总理和中国代表团全体成员在罗方的陪同下到乔治乌-德治墓献花的照片。不过,这个建筑1989年之后有人要拆掉,墓也挪走了。

周恩来在齐奥塞斯库和毛雷尔等人的陪同下到外地参观,这是接见一个县的县委第一书记。海滨城市康斯

周恩来参观罗马尼亚工厂

坦察，齐奥塞斯库陪同周总理参观黑海边的一个博物馆。在这座城市的一座疗养院，他们也举行了会谈。这些照片反映的是周总理参观化工厂、木材厂和农业研究所的玉米、向日葵试验基地的。从照片上可以看到，在这过程中都是我为他做翻译。在工厂里，技术人员、工程师对他们的产品有一个特殊的称谓，经理用内行的话介绍情况。但是，我都能将它们译给周总理。毛雷尔在我后边就说："我很好奇，罗明会怎样翻译这些专业术语。"

由于我一直是陪同周恩来总理这次访问罗马尼亚，周总理对我的印象也很深。周总理在布加勒斯特接见在罗马尼亚学习的中国留学生的时候，嘱咐他们要刻苦，

周恩来参观罗马尼亚农庄

要向他们的罗马尼亚同学罗明学习。后来，1971年在上海，在一次为罗马尼亚党政代表团准备的招待晚餐上，周总理又问起了我。当得知我在澳大利亚做总领事，他有些诧异地问道："罗马尼亚方面怎会让一个熟练掌握中文、熟悉中罗关系进展并且熟知中国与远东国家关系的人离开中罗外交岗位呢？"周总理以及其他中国老一辈革命家和新中国的领导人对我的关心与信任是中国与罗马尼亚两国友好、互信互重的直接反映。

在以后的岁月中，我还多次见过周恩来总理，但都是短暂的。在1966年下半年，罗马尼亚与中国的关系有七八个月的时间比较冷淡，但后来又恢复过来。所以，罗马尼亚代表团1967年和1968年路过北京去越南的时候，都是跟周恩来总理见了面。我特别想介绍一下1967年毛雷尔同周总理的会面。

1967年9月，部长会议主席毛雷尔率领的罗马尼亚代表团在去往河内访问，像往常一样在北京停留了几

周恩来会见毛雷尔

日。白天，周恩来总理与代表团主要客人座谈，晚上又在北京饭店顶层设宴招待大家。会谈和宴会的气氛都很轻松，周恩来、毛雷尔和波德纳拉希在一起的时候总是感觉很好。我愉快地翻译宾客之间的对话，他们好像也忘记了中国已全面展开的"文化大革命"。在谈话中，毛雷尔注意到了周恩来总理的不寻常作息时间。那时，他通常晚上开始工作，清晨才去睡觉。周总理解释说，这种反常的作息时间是因为他觉得晚上工作效率更高，安静。白天，他会被各种躲不开的请示打断。周总理说他也想躲避与"文化大革命"的主角们的接触。我们都知道周总理当时事务繁多，他鼓励大家多做些事情，不仅仅是参加"文化大革命"。他还竭力保护历史文化遗址，平息红卫兵引发的外交冲突，解救受迫害甚至受到死亡威胁的老革命家、知名人士和一些老朋友。罗马尼亚官员们知道这背后的隐情，十分理解并钦佩周总理。周总理有着惊人的记忆力并用它支撑着自己的理解力，这让每一个参与谈话的人都印象深刻。他轻松地做演算，常常涉及成百万或上亿的数字，把亩或斤转换成公顷和吨。周恩来总理喜欢提问也喜欢聆听。我记得，在一次晚宴上，他表示并不理解为何要动员工人超额完成计划。他说，计划的意义在于在经济社会增长中排顺序，按系统，鼓励超额就会引出计划还有什么意义这样的疑问？也是在那天的晚宴上，罗马尼亚驻华大使，他

周总理送给罗明的礼物

也是一个职业的政治家,走向周总理跟前并向他敬酒,同时大声地说:"我今天在天安门看到您穿着军装,挥舞着红宝书,向红卫兵致意。"几乎所有高层都清楚周恩来总理对待"文化大革命"的态度。罗马尼亚外交官的话该作何理解?沉默一会之后,周总理说道:"这些年轻人应该受到领导,所以,有必要站在他们的前列。"我认为,周总理讲的这句话与赞同无关,讲的是责任。控制和领导一场成百上千万人参与的群众运动的责任,让其在损失最小的轨道上运行。周总理的这种态度让他得以在中国史称"自然灾害"的环境下扮演一种缓和的角色。

1968年以后,我就再也没有见过周总理了。一方面,中国的"文化大革命"进入了高潮,受中苏关系影响,中罗关系也变得更为复杂起来。另一方面,1969年,我被派到澳大利亚当总领事,1972年才回来,去之前我是外交部亚澳司副司长。但是,我知道,1976年周恩来总理去世之前提出最后的心愿是希望把他的骨灰洒在祖国各地,不要建纪念馆。他爱这个国家,希望能属于整个国家。周总理也是最受爱戴的中国当代领导人。很多年之后,周恩来总理夫人邓颖超女士身边的人告诉

周恩来会见毛雷尔

我，那时曾收到过我女儿写的吊唁信。当时，我女儿还在北京大学历史系读书。那封信很不容易才寄到她的手里。在当时的环境下，那样的同情会被解读为对"文化大革命"的否定。信里充满了悲伤与沉痛，因为"我很小的时候，在家常常听到我父母崇敬而亲切地谈起周恩来总理。"最后，我还想告诉你一件事。波德纳拉希也是1976年去世的，比周总理去世只晚半个月。在周恩来去世之后的某一天，他对我说："既然他走了，那我也可以走了。"可见，罗中两国领导人之间有着非同一般的特殊关系。

萨安娜：关于与周总理的接触，我想补充一件小事。50年代末的时候，北京为外国人服务的单位是比较少的。所以，我们理发都得去北京饭店。同时我们也知道，周总理常常在宴会开始以前去那里理发。那时，我的儿子罗阳一岁多了，需要给他理理头发了。可是，他非常的淘气，要给他理发是一个很困难的事情。那天，我哄他说："今天咱们要去理理发，你要好好的，不要闹。"开始理的时候，他还好，但过了一会他就开始哭闹起来，几个理发员就一起帮忙按着他。就在正在与罗阳"搏斗"的时候，我们听到一个温暖的声音："可怜的孩子，你们怎么这样对待他呢！"理发员听声音就停止了，他的帮手们也不动了，我也愣住了，好像没有力气了，连罗阳这个小淘气也不哭闹了。这就是我和我儿子第一次同周总理见面。后来,我经常有机会跟周总理见面。我们在中国留学的学生特别喜欢他,有一个女同学一看到周总理就激动得掉泪。她说:"我从来没看过那么漂亮、那么好的人。"

那时候,周总理大多是自己一个人去理发,看起来北京饭店那里比较安全。我还想告诉你,有几次在首都剧场看话剧的时候,演出开始后不久,我就看见周总理和陪同他的一两个人一起进剧场并坐在普通观众的座位上。演出快结束之前,他就离开了剧场。跟我熟悉的演员告诉我,周总理经常来看他们的演出,每次演出之后都会到后台,向演员们表示祝贺并与他们亲切地交谈。周总理的这种平易近人的作风对演员来说是巨大的鼓励。

3. 给彭德怀元帅当翻译

罗明: 我是1950年来到中国的,1954年没毕业的时候就开始在外交部工作了。1955年的时候,中国外交部邀请各国驻华外交使团访问一些地区。我记得那时候我陪同我们大使去的是陕西、四川和湖北等地,参观了宝鸡至成都铁路的工程。我还记得到了宝鸡的时候,再往成都走就没有铁路了,只好坐公共汽车,在宝鸡停留了一天。夜间,我跟大使睡在一个小屋子里,没有炉子,所以，负责接待的人拿了一个水盆，里面放木炭给我们取暖。第二天，我们看了一些周边的风景。从宝鸡到成都的大桥和隧道很多，许多比较了解情况的外交官都称赞你们的工程，说这是一项非常艰巨的工作。参观完成都之后，我们就去了重庆，然后坐船顺长江而下到了武汉。还有一次，我们外交使团去了青岛、郑州、济南，参观了不少工厂、农村和名胜古迹。就这样，我毕业后一直在中国工作到1959年。1959年我回国，其主要原因就是彭德怀元帅要率领代表团来罗马尼亚访问。在那之前的几个月，就是1958年10月，我陪同罗马尼亚武装部队部部长萨拉扬上将率领的代表团访问了中国。我与萨拉扬上将的关系非常好，所以当彭德怀要来访问时，他一定要我回到罗马尼亚为他们做翻译。

罗马尼亚武装部队部也就相当于中国的国防部。这也就是说，中国国防部部长彭德怀元帅访问罗马尼亚也是对萨拉扬上将访问的回访。我先说说萨拉扬上将访问中国的情况。萨拉扬上将是应中国国防部长彭德怀元帅的邀请于1958年9月17日率领罗马尼亚军事代表团到达北京的。这次访问的一个重要背景就是8月23日中国人民解放军炮击金门，由此引发台湾海峡危机，中国与美国的关系十分紧张，正热衷于同美国搞和平共处的赫鲁晓夫对中国此举很不满意。所以，罗马尼亚军事代表访问中国具有特别的意义。我记得，彭德怀元帅和中国

萨拉扬参观颐和园

军队的其他高级将领到停机坪上迎接罗马尼亚客人。萨拉扬上将在机场发表的讲话中表示：罗马尼亚支持中国人民为保卫自己祖国的主权和领土完整而进行的斗争，中国人民有权采取一切措施来保卫自己的祖国，彻底解放自己的领土。当天晚上，萨拉扬上将和彭德怀元帅就举行了一个多小时的会谈。会后，中国国防部还以盛大晚宴招待罗马尼亚军事代表团。在宴会上，萨拉扬上将说："罗马尼亚全体人民都一致表示对美帝国主义的强烈愤怒，要求美国侵略军立即撤出属于中国的一切岛屿，收回它的魔爪。"彭德怀元帅也表示，中国人民、中国人民解放军将永远和社会主义各国的兄弟军队紧密地团结一起，保卫社会主义阵营的安全和世界和平。宴会之后，中国国防部还为罗马尼亚军事代表团准备了专场文艺晚会。萨拉扬上将率代表团在中国逗留了近一个月，访问了许多地方，10月25日才乘专机回国。我还记得，他们离开北京的时间是上午，前往机场送行的是中国国防部副部长黄克诚大将。

罗马尼亚军事代表团到任何一个地方都受到了非常好的接待，中国人非常好、很热情。除了参观像颐和园、故宫这样的景点之外，代表团还参观了一些特别的地方。下面我们看一下当时的老照片，我具体讲给你。萨拉扬上将游览颐和园时穿的是西装，我陪同他们并作讲解。

这些照片是代表团访问福建前线，那里是你们同蒋介石交锋的地方，这可不是任何什么人都可以看的，这充分说明当时罗马尼亚与中国的关系不一般。在那时，我们看到了解放军监视台湾国民党军队动向的设备。这张照片是萨拉扬上将登上了中国军舰，受到全体官兵的热烈欢迎。我们还观看了空军飞行员的表演，他们的表演非常精彩。这张照片是萨拉扬上将在中方将领陪同下与飞行员交谈。飞行员告诉他："我们开始打仗都是在朝鲜，最初的时候没有什么经验，也不知道把驾驶飞机同战斗结合在一起，有时候我们怕驾驶得不对，会下落而看不到敌机。后来经验丰富了，情况就好了，打下许多敌人的飞机。"

萨拉扬与中国战士交谈

萨拉扬与中国女民兵交谈

1958年正是中国开始搞大跃进、人民公社的年代，所以，中方安排罗马尼亚代表团参观中国的建设成就——人民公社和大工厂。这张是萨拉扬上将穿西装访问一个人民公社的果园，一个女社员当向导和讲解，我当翻译。你看这张照片，是萨拉扬上将访问东方红人民公社时的情景，男女老少站在村头举着横幅标语欢迎代表团的到来，左边持枪列队的是年轻的民兵们。萨拉扬走到几个女民兵前面，接过一支步枪并同她们交谈起来。在访问江苏的时候，南京军区司令员许世友上将举行宴会招待我们。许世友和萨拉扬都是军人，都能喝酒。在那次宴会上，他们俩要喝酒竞赛。在场的人都有些担心，于是，大家就竭力劝阻，他们最后放弃了。否则，不知道他们拼酒的后果是什么样的。代表团访问的最后一站是武汉，在武汉期间，代表团参观了武汉长江大桥、武汉钢铁厂一号高炉、武汉大学，访问了武汉统一街的东方红人民公社，还出席了驻军首长李成芳中将的欢迎宴会。

对中国来说，1958年无论在内政方面还是外交方面都是非常特殊的一年。在这个时候，罗马尼亚军事代表团在中国访问了一个来月，政治上的确是意味深长的，在一定程度上映射出中罗两国在对美国和苏联政策方面有一致性。1959年2月，罗马尼亚新任驻中国大使扎哈列斯库上任后，开始拜会中国政府各部门的领导

萨拉扬参观人民公社

彭德怀会见萨拉扬

人。有一天，我接到中国国防部的电话，是彭德怀元帅的秘书打来的。他告诉我说："彭德怀元帅是我们国家的领导人之一，也是一个很好的人，希望大使同志能拜会他。"所以，我跟他约定了一个时间。到时候，扎哈列斯库大使去拜访彭德怀元帅，他们会晤时就商定了彭德怀元帅去罗马尼亚访问的时间。这本来是外交部门的事，但当时我们罗共中央规定，驻华使馆可以直接同中国的一些部门进行联系。

彭德怀元帅是在1959年5月18~23日率中国军事友好代表团访问罗马尼亚的，但他访问的不只是罗马尼亚一国。彭德怀是应波兰、民主德国、捷克斯洛伐克、匈牙利、罗马尼亚、保加利亚、阿尔巴尼亚和蒙古等七国国防部或公安部的邀请从4月19日开始对这些国家进行访问的。代表团由12人组成，除了时为国务院副总理兼国防部长的彭德怀之外，知名人士还有王树声、张宗逊两位大将，萧华、杨德志、陈伯钧三位上将。我清楚地记得，1959年5月18日下午，彭德怀元帅为首的代表团是乘专列从布达佩斯到达布加勒斯特国王车站的，当时到车站迎接的罗马尼亚方面领导有部长会议副主席波德纳拉希、内政部长德勒吉奇、外交部长布纳丘、武装部队部长萨拉扬，此外还有三千多名各界代表和人民群众。总之，欢迎的场面很大、很热烈。代表团在罗马尼亚访问了五天，23日上午乘专机前往保加利亚，罗马尼

彭德怀出席欢迎宴会

彭德怀与罗马尼亚石油工人握手

亚的这几位领导人又到机场为中国代表团送行。

中国代表团到达布加勒斯特的当晚，萨拉扬在"军人之家"举行了盛大宴会招待彭德怀元帅一行，波德纳拉希、基夫等人都出席了。这张就是基夫与彭德怀干杯的照片，他们中间的是萨拉扬，我在后面为他们作翻译。在访问期间，乔治乌-德治、毛雷尔等领导人都会见了彭德怀元帅，这张是当时毛雷尔会见彭德怀的照片，你看他们的双手紧握。除了正式会谈、会见之外，中国代表团还去了好几个地方，参观了一些工厂，主要是重工业企业，如开采石油的设备制造厂、炼油厂、拖拉机厂、汽车制造厂等，还到海边访问了炮兵部队，也参观了一些农业生产合作社。咱们看一下照片。这张是彭德怀元帅在萨拉扬将军陪同下参观化工设备生产车间，他认真地听我解说，不时还提些问题。这张是到油田参观，彭德怀元帅在钻井塔上同石油工人亲切握手。这张是与工厂的领导握手。

值得注意的是，彭德怀元帅对罗马尼亚发展的一些政策、一些部门的发展状况非常感兴趣，包括经济、交通、军事等部门，它们的发展计划、发展前景等。1959年秋天，彭德怀在庐山会议上遭到批判。后来我们做了这样一个评价，彭德怀元帅这次对罗马尼亚的访问不仅仅是对1958年罗马尼亚军事代表团访问中国的回访，更为重要的是他自己很想了解东欧这些国家的发展情况到底是什么样的，了解它们的发展政策、计划，了解它们的成绩，了解这些国家国内的形势。据我所知，后来彭德怀元帅就举出了这些国家的具体例证来批评毛泽东的"大跃进"政策。

除了亲眼目睹之外，乔治乌-德治会见彭德怀时，也把我们那时国内的情况介绍给了他，特别是我们自己怎么样看罗马尼亚的发展。1959年对罗马尼亚是很重要的一年，1958年苏联军队撤出罗马尼亚，党、国家、各部门就开始了罗马尼亚化的过程。以前有不少不是罗马尼亚的人或者亲苏的人在这些部门工作。比如说，苏联撤军之后，外交部的工作人员就更换了百分之七八十。另外，尊重罗马尼亚的民族特性、传统风俗习惯、宗教等这样的气氛也已经形成起来了，这也就是一种民族自尊心的复兴。富有民族特色的布加勒斯特市中心就是这个时候建设起来的，还有一些重要的住宅区也是当时修建的。总之，当时不管哪个部门都使人开始感受到了有希望、有前途。所以，乔治乌-德治给彭德怀元帅介绍罗马尼亚的情况时，都是根据这样的一些事实，而这些无疑对彭德怀元帅是有影响的。

彭德怀元帅在罗马尼亚访问的几天都是由我作陪同翻译，可就印象而言，我现在记不清楚有什么特殊的了。但是，我觉得彭德怀元帅这个人很好，是一个很结实、很严肃的人。我很喜欢他，与他的关系非常

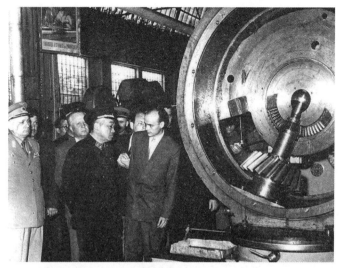

彭德怀访问工厂

彭德怀会见罗马尼亚工厂领导人

好，跟他接触也令人感到很愉快。后来，由于彭德怀受到了批判，职务也被撤掉，我就再没有机会见到他了。

4. 给邓小平当翻译

罗明：1959年，罗马尼亚的整个国家系统经历了一个深刻的、比较全面的调整。在这过程中，外交部认为年轻人应该学习一些有关外交专业的知识。所以，我也被挑选去学习，大概有一年的时间基本上没有工作。当时，教我们各门课程的都是高等学校最好的教员，我们比较系统地学习了国际关系史、世界经济、国际法、世界文学史、罗马尼亚文学史、世界艺术史、罗马尼亚艺术史、外交理论和实践等一些课程。1960年，这个专修班快结束的时候，我所在的那个司的司长被任命为罗马尼亚驻东京大使，那时罗马尼亚同日本恢复了外交关系。他准备把我也带到东京去。所以，我在专修班结业考试的时候写的论文都是有关日本的。另外，在这个专修班的课程还没完的时候，我还参加了1960年的布加勒斯特会议。波德纳拉希特别喜欢我，当外交部提出要我去日本时，他断然地拒绝说："那不行，他要回北京去。"我现在还记得，我从外交部的大门口出来的时候，见到了一位负责人事工作的司长。他告诉我："你准备好,要去中国。"这样,1961年我就带着一家人又一次来到中国。

早在50年代的时候,我在罗中两国领导人高层会见的场合就见到过邓小平。我第一次见到邓小平同志是1953年8月3日,在罗马尼亚大使举行的招待会上。出席招待会的还有中央人民政府副主席刘少奇,苏联大使库兹涅佐夫等。那个时候,我只知道邓小平是一位重要的领导同志。1964年,我们党中央代表团两次同中共代表团会谈的时候,邓小平总书记也在场。他只提出了几个问题。1964年3月初,毛雷尔、波德纳拉希、基夫和齐奥塞斯库等率罗马尼亚代表团访问中国的时候,邓小平从头到尾都参与接待,包括到机场迎接,参加毛泽东的会见。在当时的那张合影中,我就挨着他站在毛泽东主席的后面。但在这些场合,我只是随从和译员,不大可能直接与邓小平有太多的交流。那次罗马尼亚代表团结束对中国的访问之后,就去了朝鲜,在朝鲜待了两天。在返回罗马尼亚的途中,我们代表团在苏联外高加索的格鲁吉亚共和国停留了一天,会见了正在黑海边皮聪大休假的赫鲁晓夫,向苏共领导人通报了罗马尼亚代表团在中国会谈的内容以及中方的反应。当时,赫鲁晓夫说他在北京跟毛泽东会谈的时候,对中国其他一些领导人的评价并不那么高,但很佩服一个矮个子的人,那个人就是邓小平。毛泽东告诉赫鲁晓夫:"他很聪明的、很能干的,是未来中国的领导人。"我对毛泽东评价邓小平这番话的印象特别深。

我近距离接触邓小平是在1965年7月罗马尼亚共产党召开第九次代表大会期间。这次大会是20日开幕的,中国共产党代表团17日就到了布加勒斯特,28日离开,前后待了十多天。当时任中共中央总书记的邓小平是团长,成员有康生、伍修权、王力和刘放。在这期间,邓小平除了参加罗共九大、与齐奥塞斯库等人会谈之外,还到一些工厂和农业生产合作社参观。我是他的全程陪同翻译,因此有近距离与他接触的机会。中共代表团专机到达布加勒斯特后,齐奥塞斯库、毛雷尔、基夫等人到停机坪迎接。你看这张照片,中间的是齐奥塞斯库,乔治乌–德治3月去世后,他被选为临时总书记。邓小平满脸微笑地走在齐奥塞斯库的左侧,我在齐奥塞斯库的右侧,康生走在齐奥塞斯库的后边。这是乔治乌–德治去世后召开的第一次党的代表大会,所有社会主义国家都派党的高级代表团参加,除此之外,还有许多其他国家的共产党代表团。中国共产党代表团是邓小平率领的,苏共代表团是由总书记勃列日涅夫率领的。对罗马尼亚,特别是对齐奥塞斯库来说,这次党代会就像是一个节日,气氛非常好。这么说有几个理由。一是当时罗马尼亚国内发展取得了很大的成绩,二是罗马尼亚与中国在1960年有些复杂的关系开始变得好起来,三是继

参加罗共九大的外国代表合影

邓小平抵达布加勒斯特

1958年苏联军队撤之后,罗马尼亚同苏联之间的一些其他问题在1962年和1964年也获得了解决,如"多瑙河综合体"问题等。

这个时候中国同苏联的关系也是比较麻烦的。1965年3月1~5日,有19个党参加的共产党和工人党代表协商会晤在莫斯科举行,中共和罗共都拒绝出席。这次会议毫无疑问是由苏共主导的,它通过的决议表明与会的各国党都是支持苏共的主张。所以,中国党对这次会议的反应十分强烈,把这次会议定性为"苏联领导非法召开的分裂会议",由此开始了对苏共新一轮的批判。罗共没有出席这次会议,并不表示在中苏论战中站在中国一边,在很大程度上是为了调和中苏矛盾,但与中共的关系无疑又密切了一步。

从60年代初,罗马尼亚就试图从中调解。对此,我们前面专门讲过。为了表示中立,罗马尼亚从1963年起就宣布不许任何人在罗马尼亚的领土上攻击别的国家。所以,在罗共这次党代会上,不管是邓小平还是勃列日涅夫讲话都很客气。邓小平那时非常完美地代表了中国共产党,尊重了罗党的要求,没有公开批评苏共。另一方面,罗马尼亚也试图利用这次大会继续促成中苏两党的和解,而齐奥塞斯库更想利用东道主的地位来突出自己的作用。你看,这几张照片就最能说明问题。关于这两张,我在前面讲过,那是齐奥塞斯库、邓小平和勃列

第五章 给访问罗马尼亚的中国领导人当"拐杖" | 175

步入会场

步入会场

日涅夫步出会场的照片，邓小平和勃列日涅夫在两侧，齐奥塞斯库在中间分别挽着他们俩人的胳膊，想向人展示的可能就是罗马尼亚站在中苏之间的中立立场。另外一张没有提到过，它是罗共领导人与前来参会的外国党代表团的合影，前一排主要是各社会主义国家共产党或工人党的主要领导人。在照片中齐奥塞斯库居中，他的左边是邓小平，右边是勃列日涅夫。这种排位除了表明中苏两党的地位不一般之外，好像也传达着相同的意思。这给大家留下了深刻的印象，中共和苏共领导人受到同样的待遇，他们是国际共产主义运动平等的领导人。

邓小平是20日上午在罗共九大开幕式代表中共致辞的。在大会召开的前后，邓小平和代表团的其他成员还到一些地方参观。那几天我有机会常常和他在一起。18日，也就是到达布加勒斯特的第二天，邓小平游览了布加勒斯特市容并参观了新住宅区，陪同他的是布加勒斯特市委第一书记弗·达纳拉克，我为他们当翻译。不过，我印象最深的还是我们陪同邓小平访问罗中友好合作社及一个粮食和技术作物研究所。这里有好几张照片，拍得特别好，生活气息非常浓。这张照片就是我们走在罗中友好合作社的向日葵田间的路上，他不断地向陪同者和我询问这个合作社生产经营的一些具体情况。粮食和技术作物研究所位于布加勒斯特以东四十多

邓小平参观农场

邓小平参观工厂

公里处，邓小平一行来到这里，受到了所长穆列山和该所研究人员的热情迎接。所长向邓小平介绍了研究所在培育、推广粮食和技术作物良种和农业科学研究工作的情况，邓小平在讲话中赞扬了研究所的工作成绩，祝愿他们在今后农业科学研究工作中获得更大的成就。然后，穆列山所长陪同中国共产党代表团参观了水浇地和种子田里种植的种类繁多的玉米、大豆、多穗高粱、甜菜和向日葵等农作物。你看这一张照片，邓小平走在刚刚收割完的麦地里，他脚上穿的是带眼的皮凉鞋，麦茬有些扎脚，所以，他不得不小心地走路，旁边的人有时还得搀扶他一下。这张照片是邓小平走在玉米地里拍的，他的表情有些严肃，我紧紧跟在他的后边，表情也不轻松。此外，邓小平还参观了一个石油化工厂，你看这张照片，我们走在厂区的路上，我在向邓小平作讲解。

　　那些日子，我们一起吃饭，一起外出。经过几天近距离的接触，我很喜欢邓小平同志。他非常和蔼，讲话有条不紊，也很爱开玩笑，不参加会议的时候很随便。他从来没有使我感到不方便。有时候也开玩笑，还不时地讽刺一下康生。邓小平说，康生很喜欢看电影，自己家里好像有一个专门的放映设备。有一次，他看着看着就睡着了，睡醒了之后他还要人家再放一遍。不过，印象最深刻的还是他政治上的睿智。他确实很聪明，也很

1980年邓小平接见罗明

向邓小平赠送画册

敏感，对任何事情都能注意到。比如说，邓小平知道对每个罗马尼亚领导人应当采取什么样的态度，也明确地知道哪一个领导有多么高的价值。所以，不管是对毛雷尔、齐奥塞斯库还是波德纳拉希，邓小平总是知道他是在对什么人说话，跟罗马尼亚这些领导人的关系都非常好。

1966年中国就开始搞"文化大革命"了，邓小平受到了长期批判，我们也不可能有见面的机会。后来在邓小平成为中国党和国家第二代领导人的时候，我们再一次见面，那是在1980年，我已经是外交部的公使了。前边我告诉过你，1969年，我被派到澳大利亚当总领事，走的时候已经是外交部亚澳司副司长了。但是，1972年回来后，我在很长一段时间里受到一些不公正的对待，但1979年被派到罗马尼亚驻华大使馆当公使衔参赞。1980年11月初，我参加了罗马尼亚社会主义民主和团结阵线的访华代表团，团长塔玛拉·多布林是罗共中央委员，也是该组织的全国委员会执行主席。这个组织是统一战线性质的。所以，这个代表团受到了当时中共中央副主席、全国政协主席的邓小平的接待。他一见我就说："我们的老朋友，又见面了。"我和他握了手，还一起照了相。从这张他和我握手的照片上可以看出，此时的邓小平与15年前比起来，头型、服装甚至表情几乎没有什么变化，而我已经50多岁了，变化很大。会见后，代表团成员送给邓小平了一个画册，这张是当时拍的照片。我还想说的是，邓小平给我留下的特别的印象不仅仅是根据许多间接的信息而形成的，更多的是我自己的观察，他是一个个性很强的杰出领导人。

第六章　中罗关系曲折发展的亲历和见证者

罗明： 在前面的讲述中，我无论是陪同罗马尼亚领导人访华，还是给访问罗马尼亚的中国领导人当翻译，都是对罗中关系中一些重大事件的亲历和见证，这些都发生在1954年至1974年间。其实，在这过程中，我还有许多要说的故事。1981年我到中国当公使衔参赞，1990年又就任罗马尼亚驻华大使，更是直接参与到罗中关系的构建当中。

我们刚到中国的时候，不仅年轻，没有多少知识，而且我们那个时候对世界的看法都来源于苏联的宣传机器，具体说是从罗马尼亚的宣传机器里获取知识。因此，总的来讲，我们对中国的了解并不多，与苏联对中国的那种看法没有什么不同。另外，我们当时是忠实于这样一个信念：这些国家都是共产党领导的，是团结一致的。它们之间的友谊是永恒的，是深远的，在任何一种情况下都会互相支持，互相帮助。所以，我们在中国的头几年都是在这样一些"现实"思想的支配下观察中国。我们尽管同中国人没有过什么关系，但是，一见到中国人，就彼此拥抱，有非常亲切的感觉。我们告诉他们我们是多么热爱中国，怎样拥护他们，如何敬佩他们的革命斗争。我们受到苏联方面宣传的影响很大，但那也唤起了我们对中国的尊敬。

1954年，我对这样一种"现实"感受得非常深。那一年9月，罗马尼亚工人党中央第一书记阿斯托波尔率政府代表来华参加新中国成立五周年庆典活动。陪同他一起来的有当时的外交部第一副部长乔治·佩雷奥特蒂萨。当时，中国方面觉得有必要向世界证实中国共产党还没有结束国内革命战争，还在继续同蒋介石的国民党斗争。因此，金门马祖海峡那一带又发生了一些冲突。在这样的情况下，罗马尼亚等东欧国家不得不发表一些支持中国共产党的看法。阿波斯托尔就问："在我们的讲话中，是否应该表露出我们支持中国共产党解决这一问题？"佩雷奥蒂萨回答说："到目前为止，苏联方面还没有发表什么声明，我们还是要等待他们。"我在这里举这样一个例子是想说明，当时罗马尼亚一切都是跟着苏联走。当时，中国的发展非常有秩序。1953年，你们开始落实第一个五年计划，经济发展以156个苏联援助的项目为中心。到了1954年，所有人都认为中国的发展是正常的，速度很快，发展前景会非常美好，中国所做的一切还是合乎我们的期待。

佩雷奥特蒂萨这个人后来在罗马尼亚政治舞台上本来也应当有很重要的地位。他1955年就升任了中央政治局候补委员和书记处书记。可不幸的是，1957年他在一次飞机失事中遇难了。当时，佩雷奥特蒂萨同基夫、齐奥塞斯库组成代表团乘专机去苏联参加莫斯科会议，基夫是团长。那个时候，各人民民主国家的高级领导人所乘的专机都是由苏联飞行员驾驶的。飞机到达莫斯科机场时候，佩雷奥特蒂萨想看看驾驶员是怎样使飞机下降的，所以就打开了驾驶室，站在驾驶员后面。可是，飞机下降时飞得太低，机尾碰到了树，失控断成两截。机头撞到石头上，他和飞行员都遇难了，而坐在后面的基夫和齐奥塞斯库则侥幸逃过一劫。据说，齐奥塞斯库表现出一种令人吃惊的勇气，从飞机断裂处跳到地上，基夫也跳了下来。他们及其随行人员还展现了一种难以形容的精神，镇静地出现在欢迎者前面，以证实罗马尼亚代表团的到来。从那时起，罗马尼亚领导人外出访问不再坐苏联驾驶员驾驶的专机，甚至尽量不坐飞机。说到飞机失事，我再给你讲个故事。1958年3月，当时在负责共青团中央工作的伊利埃斯库和另一个学生去中国参加世界民主学生联合代表大会。但是,他因为误了飞机没有去成,而另一位参会的学生在会后乘机到伊尔库茨克时,因飞机撞高压线失事而遇难了。这两次飞机失事也在一些人的心里产生了挺大的影响。1965年我陪同周恩来总理访问罗马尼亚的时候,罗方决定把一些具体的会谈挪到黑海边一个军事基地的别墅里举行。于是,齐奥塞斯库就和周总理一起乘坐一架飞机飞到那里。在飞行的过程中,我当时注意到齐奥塞斯库神色一直很紧张。顺便说一句,这个军事基地现在是由北约军队使用呢。1958年10月,罗马尼亚国防部长萨拉扬率军事代表团访问中国。在飞机上,我发现他也非常紧张,但竭力表现得很轻松。然而,萨拉扬的幽默也超越了紧张。他对自己的警卫说:"你去把那一瓶白兰地酒拿过来,让我们大家把它喝了吧。万一飞机坠毁瓶子破碎了,那就很可惜。"

1954年那个时候,我觉得中国是按照我们的希望那样发展的。北京饭店的新大楼修建起来,在长安街开始修建几个著名大楼,包括当时的外贸部,都是比较现代化的建筑物。所以,我们都认为中国作为社会主义阵营的组成部分,发展还是正常的。我跟我的同学们在中国过得很愉快,很舒服。和我们一起来北京学习的还有越南、朝鲜和东欧其他国家的几百个学生,这种状况也与当时社会主义阵营的发展、合作相一致。但是，到了1956年，我们看到了中国共产党的领导同苏联的领导有分歧，对斯大林、对苏联在斯大林时代的做法的评价不同。中国方面1956年3月发表了《关于无产阶级专政的历史经验》，它说明中国共产党的领导同苏共的领导之间有一些分歧。

这时我已经在罗马尼亚驻华大使馆工作了。所以，这篇文章一发表，我就看到了。大使馆也给国内写了一个报告，很客观地汇报了一些中国方面的看法。后来，乔治乌–德治还是站在了中国的立场上，罗马尼亚没有再开展什么非斯大林主义的运动。《再论无产阶级专政的历史经验》主要牵涉波匈事件，也提出了一些中苏之间的分歧。所以，从1956年我们就感受到了这种分歧。但在这之前，我们已经知道，毛泽东同志去莫斯科同斯大林商谈友好同盟条约的时候，苏联提出了曾经向蒋介石提出过的要求，毛泽东很不高兴，拒绝同他们讨论这些问题。结果，斯大林他们让毛泽东同志独自留在麻雀山那里，毛泽东不得不派周恩来总理就那些要求与苏联进行协商。当时，中国已经提出了关于土地改革的纲要，后来又提出了有关科学研究工作的十二年发展计划。1953年，我们就听到毛泽东主席提出了农业合作化的问题，1954年已经有一些事实证明这一运动正在开展。另外，也就在此时，毛泽东还特别邀请格罗查博士来华劝说中国的资本家接受社会主义改造。1956年，中国的社会主义改造好像是很成功地结束了。这些都表明中国共产党特别是毛泽东主席急于使中国尽可能快地发展。毛泽东当时所熟悉的发展模式还是苏联的模式，那时候在社会主义阵营中，采用别的模式好像就是异教徒。看样子，毛泽东主席有这样一个思想准备，充分地利用苏联的经验加快发展中国，他甚至要苏联增加一些援助项目。1956年，毛泽东告诉乔治乌-德治，苏联的社会主义制度比资本主义好一些，但不是最好的。我们当时都这样看待中国，即毛泽东主席急于使中国快速发展。

1957年，中国无论是在农业还是在工业方面取得的成就还是很显著的。中国共产党代表团去莫斯科参加社会主义各国兄弟党代表大会，那时候谁都称赞中国的发展，当时基夫就使用过"以苏联和中华人民共和国为首的和平民主的社会主义阵营"的说法。毛泽东主席在跟中国学生见面的时候认为：帝国主义有一个头，那是美帝国主义，我们和平民主的社会主义阵营也应该有一个头，那是苏联。但是，1958年第八次人民代表大会第二次会议上，中国社会发展的道路发生了一个很显著的变化。毛泽东同志很急于促进中国的发展，以前主要是发展速度要很快，可发展得还算比较全面。但是，1958年就不是这样了，而是片面地追求某一个指标。1956年中苏分歧开始出现并不断发展之后，1958年赫鲁晓夫拒绝向中国提供制造原子弹的材料。所以，我觉得，针对这样一种国际、国内形势，毛泽东就发动群众搞了一个大跃进，重点发展钢铁工业。大跃进和后来的人民公社一样，都属于苏联发展模式所确认的做法。

当时，我有机会陪同部长会议主席基夫率领的代表团参观了一些人民公社。人民公社是在1959年大规模建立的，1959年1月，中国的国家和党的领导有所调整，刘少奇被选为国家主席，陈毅被选为外交部部长。1958年的大跃进不但没带来成绩，反而带来了一些坏处。我是1958年跟驻华外交使团一起访问了天津附近的人民公社，当地人给我们看了一些种的稻子，密度很大，一亩土地的产量是惊人的。他们把一些管子插进稻田的

罗马尼亚代表参加中国的国庆

中间，否则，那些稻子都没办法呼吸。当时，驻华外交使团的成员都认为这种播种方式、这种发展农业的做法是不行的。不过，大家都觉得很惊奇，农民所做的工作还是了不起的。但是，这样的做法不能够推广为整个中国农业发展的模式，只是一种表演。这是农业方面。在工业方面，中国搞了大规模炼钢、炼铁。我们也都认为这是不行的。尽管没人公开说，但是，外交使团的人们都认为这种做法不行，一方面产品达不到规格，质量很差；另一方面也浪费了原料，浪费了劳动力。我们还参观了一个水利项目，它就是当时正在兴建的十三陵水库。在参观快要结束的时候，中方让代表团用广播给在工地上工作的工人说几句话。基夫让我去说，因为只有我会讲汉语。当时，波德纳拉希告诉我："你要强调我们是很敬佩他们的劳动，他们的成绩。要说我们是友好国家，我们来这是加强友谊，表示祝贺的。"然后，我就拿起话筒讲了。后来我听说，我的讲话还引起一定的反应。甚至很多年以后有中国朋友告诉我他开始时甚至"不知道是一个外国人在讲话"，后来好像是我发音方面有一些毛病，他们听出来了是一个外国人。但是，大家都记住了，罗马尼亚代表团访问的时候向他们表示祝贺，表示敬佩，表示愿意加强两国人民的友谊。我记得，当时波德纳拉希还认为中国建设的堤坝还是有一定的借鉴价值，因为它是用黄土建设起来的水坝，而不是水泥或者石头。波德纳拉希1959年还专门邀请"九兰小组"[1]到罗马尼亚来。建设这样一个水库还是有一定的价值。但大跃进所做的大多是些没有充分考虑实用不实用的建设项目。所以，大炼钢铁方面是没有前途的，农业方面提出的单位面积产量也是不现实的。正是因为这样一些消极的后果，1959年初，中国国家和党的领导做了一些调整。

罗马尼亚方面认为，毛泽东当时已经不再是国家的主席，这是对他的做法的一种批评，以后他不再拥有那种独断权。他把十二年的改造计划在不到一年后就加快实施了，毛泽东主席的那种愿望还是可以理解的。但是，他没有科学的论证，没有打下一个科学的基础以便比较有效地落实这样一个政策。总的说，我的感受是，中国方面特别是毛泽东的一个基本想法就是尽快发展中国，以摆脱苏联的那种"父亲"的角色。

说到这儿，我又想起给毛泽东主席做翻译时的一件小事。那是1958年3月一天晚上，毛泽东主席在洞庭湖接见罗马尼亚代表团，王任重也在，他那时是湖北省的第一书记。按照那个时候的习惯，每一个译员都翻译对方国家领导人的话，因为我把中国代表团的讲话翻译成

---

[1] 1957年12月中旬，十三陵水库建设工作正式开始。在一次劳动竞赛中，九个名字中都带"兰"字的女同志组成"九兰小组"。由于成绩比较突出，她们也成了学习的榜样。

1959年毛泽东接见罗马尼亚代表团

罗马尼亚语更方便,中国的译员把罗马尼亚的讲话译成汉语也更方便。会谈就用这个方法进行。开始的时候,毛泽东主席讲的话我都能听懂。但到了后来,毛泽东用湖南话讲,我就听不懂了,可当时也不愿意随便翻。他意识到了我没听懂他的话,于是就对我们领导人说:"他讲的北京话比我讲的好。"罗马尼亚客人不知道北京话跟地方方言有很大的区别,以为主席说我讲的中国话比他好,都哈哈大笑起来。毛泽东还是能够意识到我卡壳的情况,用一种幽默的方式解决了这一问题。

1959年5月,我就回国了,主要陪同中国国防部长彭德怀元帅访问罗马尼亚。过了一段时间,彭德怀元帅提出了一些批评毛泽东的书面材料。到这个时候,我才意识到彭德怀元帅此前访问一些人民民主国家也是为了找出一些根据同毛泽东的"大跃进"争论。他也访问了罗马尼亚,当时也是由我陪同,我的影集中有好几张照片呢,你可以看看。彭德怀元帅除了访问一些军事单位外,还参观了一些农场、工厂。他提出的各种各样的问题很多都是关于怎样组织生产、怎样发展经济等。他那时候也受到乔治乌–德治的接见,交谈了一个多小时,我做翻译。他们主要谈的是罗中两国的关系,怎样加强社会主义阵营,当然也谈到我们罗马尼亚是怎样发展经济的。1959年是苏联红军撤出罗马尼亚一周年,布加勒斯特市共和国广场后面的大礼堂和周边的大楼都是这一年开始修建的,这是罗马尼亚开始新时期的一年。所以,乔治乌–德治那时候可以向彭德怀元帅介绍的情况是令人感到鼓舞的,无论是工业还是农业。彭德怀元帅当时肯定是意识到我们这种发展方式还是有一定的前途。关于彭德怀元帅的这次访问,我前边已经详细地给你讲了。

1959年10月,中国庆祝建国十周年,也修建了一些著名的建筑物。中国也有许多事实能够证明共产党领导的社会有很大的、很显著的进步。那时武汉的长江大桥已经建成了,人民大会堂、中国革命博物馆、历史博物馆、北京火车站、工人体育场也都建好了。尽管有刚才谈到的那些顾虑,但总的来讲,当时还是有深厚的节日气氛。苏联东欧各社会主义国家都派代表团到北京参加庆祝活动，赫鲁晓夫也来了。但是，他的到来非常没有缓和中苏之间的矛盾和冲突，甚至在一定程度上还激化了这些矛盾和冲突。

按照原来的习惯，当赫鲁晓夫来北京的时候，各社会主义国家的代表团都要到机场迎接。我已经说了，当时的中苏之间的分歧、冲突人们都知道。赫鲁晓夫坐的是一架图114的新型飞机，从美国的洛杉矶直接飞到北京，这架飞机本来是军用的，这充分显示了苏联在航空领域的进步。我们在东郊机场等着，中方迎接他的是刘少奇和一些其他领导人。下了飞机之后，赫鲁晓夫一定要讲话。其实，人们都知道他是从美国来的，是跟美国总统谈过话之后来的，赫鲁晓夫满脑子都是苏共二十大的思想。但是，不幸的是当天天气不好，扩音器好像也出了毛病，在场的人听得断断续续。实际上，中方是不想让他讲话，他也不应该讲话。尽管听得断断续续，但是，我们还是能听得出来他主张同美国搞和平共处，同美国一起解决一些国际问题等。中国那个时候没有这样的思想准备，更不要说有现实的准备了。后来，我了解到，赫鲁晓夫讲话时那个扩音器根本没有打开，中方是故意这样做的。当天晚上，在人民大会堂举行了一个五千人出席的宴会，毛泽东主席也在。首先讲话的是周恩来总理，他主要讲到的是中华人民共和国成立的历史背景等，也谈到当时的国际形势。赫鲁晓夫也讲了话。

每一个人大概讲了十分钟。我记得那个时候中国在对外政策上以及怎样看世界形势跟苏联也跟我们有所区别。它已经提到战争是不可避免的了。

在这种场合，罗马尼亚代表尽量避免谈这个话题，但是，私下里我们还是跟苏联的看法保持一致。过了几天，各国代表团参观了一些北京的地方，有故宫、历史博物馆、后海等。一天晚上，人民民主国家的代表团被邀请观看一个在首都剧场表演的中国话剧。其他国家的代表团都到齐了，就等苏联代表团来。但等了很久，他们也都没来。我们后来才知道，赫鲁晓夫跟毛泽东主席有一些争论，这些争论牵涉国际形势、跟美国的关系、社会主义各国之间的关系。我们看完节目回到钓鱼台已是北京时间夜里10点多。此时，布加勒斯特还是白天，波德纳拉希就给国内的乔治乌-德治打了电话。我没有听到他讲了什么，但知道他给乔治乌-德治介绍情况时提到苏联代表团同中国的一些摩擦、分歧与冲突。于是，他们就决定罗马尼亚代表团第二天回国，以免卷入中苏的争论当中。你知道，罗马尼亚代表团原计划还要在中国逗留些日子或者要访问别的地方。

进入1960年，我们已经知道中国由于大跃进和人民公社化运动而遭遇的困难。当时，我在布加勒斯特，但知道中国当时的情况。1960年6月，利用参加罗马尼亚工人党第三次代表大会的机会，社会主义国家的共产党和工人党在布加勒斯特举行了代表会议，赫鲁晓夫想趁着这样一个国际会议的机会对中国共产党发动突然袭击。后来，乔治乌-德治在一次中央政治局扩大会议上讲，他事先并不知道赫鲁晓夫有什么想法，所以，同意了在这举行一个国际会议。这些我们前面已经说了不少。参加这次国际会议的代表团都是由党的主要领导人率领的。当时，我们在广播中听到了会上赫鲁晓夫的讲话。赫鲁晓夫的讲话是很激烈的，主要是批评了中国共产党所主张的一些政策和立场，使用了一些带有侮辱性的言语。这就表明他对中国的批评已经达到了相当重的程度。在休息的时候我就陪同彭真、康生等中方领导人。在代表大会结束的宴会上，乔治乌-德治让彭真跟赫鲁晓夫碰杯，彭真也去了。这个插曲前面我们已经谈到过，还有现场的照片。

正如乔治乌-德治所说的那样，罗马尼亚方面本来不知道赫鲁晓夫有什么意图，后来才知道苏联带来了60页的材料，攻击中国共产党，发给所有在场的人。在会议讨论的时候，中国方面当然一直主张他们的立场，但也坚持保持团结，很重视不要让我们的敌人看到社会主义阵营有分歧。关于布加勒斯特会议的公报，中苏双方也进行了比较激烈的争论。最后，中国共产党代表团倾向的做法是，中方在公报上签字，同时也会发表一个声明以阐述中国共产党自己的观点。彭真同志把那个声明给了我，我把它转给我乔治乌-德治。没过一个小时，乔治乌-德治要我乘车再把这个声明交给住在布加勒斯特城外的赫鲁晓夫。我重复这个故事是想说明，罗马尼亚工人党不愿意参与中苏之间的这些争论，我们知道赫鲁晓夫搞突然袭击这样的做法是不对的。

这个文件是中共代表团给罗共的，但中国方面没有说它不能给别人。表面来看罗马尼亚是东道主，但真正组织这次会议的是苏联，所以，我们还是把它交给了苏共代表团。我把它给了赫鲁晓夫之后，中国代表团至少在表面上没有什么反应。另外，中共代表团确实在公报上签了字，也发表了单独的声明。

1961年我回到北京。刚才说到布加勒斯特会议我还有一个要补充的内容。会议召开期间，波兰同志和越南同志本来打算调和中苏两党代表团的关系，但是，没有什么显著的效果。在中国代表团回国的前一天晚上，乔治乌-德治在晚饭后邀请中国代表团到他家里，当时阎明复也在场，我做翻译。那次谈到很晚，但谈得非常好，我一直把这次会见看成是我们建立一种特殊关系的开端。乔治乌-德治感谢中国代表团出席罗马尼亚工人党代表大会，对中国同罗马尼亚关系的发展也表示积极的评价，对毛泽东主席和其他领导人表示问候。双方自然也谈到了这次国际会议，彭真同志那时候比较激动，有些生气地说：苏联方面对中国共产党搞了一次"突然袭击"，这个词他用了好多次，说给所有在场的人。在场的除了乔治乌–德治，还有新选的政治局委员，乔治乌–德治也是故意让彭真同志这样做。所以，大家都听到了彭真同志对赫鲁晓夫这种做法的评价。彭真同志还谈起同苏联的分歧、冲突的历史，举出了苏联方面在一些代表大会、一些公开的场所攻击中国共产党的例证。听完这些，乔治乌–德治用比较温和的语调说："你们还是要耐心，因为我们所面临的是两种问题，一个问题是因为苏联自身所犯的一些错误，另一方面要考虑到赫鲁晓夫本人文化水平不高，是个比较粗鲁的人，也要考虑到他个人的毛病。"乔治乌–德治还举了一个例子，斯大林有一次跟他讲话的时候在他面前挥拳头，说不相信他。乔治乌–德治当时非常生气，但还是忍住了。因此，我把乔治乌–德治与彭真同志的这次会谈看成是罗中友好合作的特殊关系的开端。

在第二次莫斯科会议上，罗马尼亚代表团准备做一些工作，我那时候是跟随伊利埃斯库的代表团去的，当时他是罗马尼亚工人党中央宣传部的副部长。这次莫斯科会议分两个阶段，第一个阶段是起草决议，第二个阶段是正式的会议。在起草委员会上讨论各社会主义国家之间关系的时候，匈牙利社会主义工人党中央宣传部长提出了社会主义国家还是有一些冲突、分歧和争端，比如说罗马尼亚的特兰西瓦尼亚，他甚至提出匈牙利应收复特兰西瓦尼亚。那时候，罗马尼亚的代表准备反驳他，但被苏共负责社会主义国家之间关系的书记安德罗波夫劝阻了，这件事后来也就不了了之了。当时，匈牙利要收复的特兰西瓦尼亚地区90%多的居民是罗马尼亚人。

1961年，外交部直接领导我的那位司长被任命为罗马尼亚驻日本大使，他提议让我随他去东京。但是，这一建议被上一级领导给否定了，这位领导说我应当去北京。这就表明罗马尼亚的高层领导认为有必要同中国共产党、中华人民共和国的领导继续会谈，保持经常性的、实质性的联系，因此需要有一个懂汉语、了解中国国情的人帮忙。这年9月，罗马尼亚新的驻华大使乔治乌到任。他是罗马尼亚工人党中央候补委员，原来是工厂的工人，后来成为雅西县的县委第一书记。乔治乌没有上多少学，但很聪明，很能干。所以，挑选他作为驻华大使还是明智的选择。

在中国60年代初最困难的那几年，中罗两国之间的人员交往明显少多了。大概是在1962年或者1963年，陈毅同志在他家接见罗马尼亚大使乔治乌，双方谈到了中国的大跃进、人民公社所造成的困难、所带来的灾难。我记得，当时我们坐在沙发上，前面有个炉子。陈毅同志一方面承认了有这样一些困难，并且提到了调整农业、工业、教育文化工作的各种文件，如《高教六十条》。他承认中国共产党犯了一些错误,但认为苏联对中国共产党的态度是不能接受的,因苏联不是作为战友来批评中国的,而是恶意攻击。当时,中国正在进行"调整、巩固、充实、提高"运动,我们很重视这一点。我还记得那时候大使馆发给国内的电报、书面材料还是很多的,我们认为这些措施是有效果的。但是,中国在与苏联的关系上却继续恶化。1963年,中国共产党同苏联共产党达成了一个协议,在莫斯科举行一次会谈。中方代表团团长是邓小平同志,苏方的是苏斯洛夫。双方谈了十几天,但没有成功。我认为,当时之所以达不成协议,一方面是中国觉得不能同苏联妥协,另一方面是苏联想利用这样的机会把他们的看法强加于中方。

但在这个时候,中国与罗马尼亚的关系开始有了转机。中国外交部副部长曾涌泉访问罗马尼亚,那是在联合国大会召开以前,两国负责联合国工作的副部长会见面,交换一些看法。曾涌泉实际上是在协调罗马尼亚的立场,因为罗马尼亚一直主张恢复中国在联合国的合法地位。所以,乔治乌-德治邀请曾涌泉到他的别墅去专门谈了一次。从1960年到1963年,罗中领导人之间没有多少会晤。乔治乌-德治这次会见曾涌泉的意思是要同中国共产党恢复关系,建立一种交换信息、交换看法的途径。但是,这好像也没产生什么效果。这是7~8月的事，到了当年的11月，乔治乌-德治在出席苏联驻罗大使举行的庆祝十月革命招待会的时候，他又跟中国驻罗马尼亚大使说："我们找个时间见个面，谈谈话。"过了一段时间，他们真的进行了会见，那时乔治乌-德治就提出了建议，希望两党互派代表团进行会谈，讨论国际共产主义和工人运动以及两党关系问题。

中方也很快有了反应。过了几个星期以后，刘少奇同志邀请罗马尼亚驻华大使乔治乌到人民大会堂那里跟他谈，对乔治乌-德治提出的一些问题作了答复。我后来作为专门的信使把这些材料带回国，先交给波德纳拉希，那是1964年2月11日，后来又见到了乔治乌-德治。这些我在前面都讲了。我再补充一点，我带材料从北京到布加勒斯特的经历。在这过程中，一直有罗方安全部的人跟着我，但我不知道。当时，波德纳拉希比较重视这个问题，他本人就是负责这些安全机构的。回到布加勒斯特之后，我想利用空闲机会去锡比乌看看我的女儿。到了机场，有人过来问我去哪里，然后他说跟我去同一个地方。后来，他又和我一起坐飞机到布加勒斯特。这个人从北京就跟着我，原来是波德纳拉希派来专门保护我的，是怕苏联知道并把这份材料劫走。1963~1964年，罗马尼亚对中国的态度受到两国代表团会谈的影响，相互关系变得更像朋友。

1964年，毛雷尔率罗马尼亚代表团访问了中国和朝鲜之后，返回途中在高加索地区的比尊大停留了一天半，会见了赫鲁晓夫和其他几个苏联领导人。罗马尼亚党代表团去中国以前就已经跟苏共领导商定好了，苏共停止公开论战，不发表苏斯洛夫在中央全会会上所做的讲话。罗马尼亚党政代表团在回国途中将与苏共领导见面并介绍在北京与中共举行会谈的情况。关于这次会见，我想指出两点。第一，赫鲁晓夫故意说，罗马尼亚代表团在中国提到了比萨拉比亚问题，以此来攻击苏联领导。听到这话，波德纳拉希非常生气。第二，尽管罗苏有分歧，但在告别的时候，赫鲁晓夫还是请罗马尼亚代表团一定向乔治乌–德治转达他的谢意和问候。

回到罗马尼亚之后，齐奥塞斯库约见了你们的临时代办，把代表团同金日成和赫鲁晓夫会谈的情况向中方作了通报。又过了一段时间，乔治乌–德治两次邀请你们的大使许建国先生进行了有实质性内容的谈话，但我没有参加。从罗马尼亚方面来讲，我把这两次会谈看成是相当于我们代表团去北京向中方介绍情况。1964年9月，中方邀请我们派代表团去中国庆祝你们国庆十五周年。这过程中还有一件有意思的事情。1964年8月23日，在北京举行完招待会后，我陪大使一同回国度假。正好那个时候在布加勒斯特举办了一个"中国国民经济发展成绩展览会"，出席开幕式的是毛雷尔。本来是一个很正式的场合，但是，由于大使知道了这天是毛雷尔的生日，所以，谈话的氛围就变得很友好、很热情。过了几天，大使和我又不得不赶快回到北京，为了迎接罗马尼亚党政代表团去中国访问，毛雷尔、波德纳拉希等人都去了，那次访问也是很成功的。

1964年年底，因为罗阳要上小学，他姐姐也要上中学，我不得不考虑到他们，就申请回国了。当时我已经是一等秘书了，后来又被任命为澳洲司副司长。不久，中国的"文化大革命"就开始了，我与中国领导人的接触就不多了。但是，我在1966年、1967年、1968年去过北京，其中1967年去过两次，但都是去越南河内时路过。那时候，罗马尼亚已经开始同越南、美国谈怎样结束印度支那战争问题。1966年，周恩来总理来罗马尼亚的时候，用了讲话的四分之三的长度阐述他对印度支那战争的看法，即先在战场取得优势，再进行谈判。当时，中方怀疑苏联方面为了跟美国和好而牺牲越南的一些利益。1967年，周恩来总理会见我们的时候，会谈的内容非常丰富，涉及了中苏关系、国际共产主义运动和工人运动的情况，也谈到了越南战争和中罗两国的关系。

在这几次来中国的时候，我能感受到浓浓的"文化大革命"的气氛。我是完全赞成毛雷尔1967在中国所讲过的一句话："政治活动不能在十字路口展开。"周恩来总理在北京饭店设午宴招待罗马尼亚代表团，罗马尼亚驻华大使杜马席间说："周恩来总理很积极、很年轻啊，我前几天看见您还挥舞毛泽东语录……"他以为这样说会使周恩来总理高兴。但是，周恩来总理看起来并不高兴，他说："群众必定得有人领导，不然他们会走错路。"我们大使本来想表达的是周恩来总理心态很年轻，可是实际上，周总理当时可能在完成一项比较艰巨的任务。

当时，罗马尼亚方面对"文化大革命"的态度是不干预中国的内政，对中国共产党所做的任何声明、行动不发表什么观点，但在内部总有一些自己的看法吧。我可以给你讲一些小事。中国驻罗马尼亚大使馆在橱窗中陈列一些照片或贴了一些标语，批评苏联或者批评赫鲁晓夫，罗马尼亚外交部就让中国大使馆把这些东西取下来。另外，中国大使馆有时候有还散发自己的画报，这些画报也给我们造成一些同苏联关系上的麻烦。所以，我们不希望发行这些画报，那时候就做了一个决定：不许任何大使馆发行危害罗马尼亚同第三国关系的材料。有一次，一个曾经跟罗马尼亚学生结过婚并在罗马尼亚工作过一段时间的中国人到外交部来，要求跟我见面，他批评罗马尼亚对香港、澳门的态度不够坚决，因为香港、澳门还是19世纪遗留下来的制度。他要我说服罗马尼亚当局支持中国收复香港和澳门。还有一次，外交部第一副部长把我叫到他办公室，让我去中国大使馆，说有一个罗马尼亚人进入中国大使馆要避难。那个人大概30多岁，但是，我到现在也不知道他为什么要这样做。

当时，我们对"文化大革命"的了解和理解都取决于我们所看到的报纸和杂志以及从媒体上听到的消息。现在，我对它的了解多得多，理解也深得多。所以，我现在对它的看法跟当时对它的看法有所不同。我现在认为，毛泽东主席是利用"文化大革命"来摆脱"一边倒"政策的消极后果。

在中国"文革"的后期，我本人的工作情况也有一些变化。我在中学的时候学过一点英文，1950年去中国之前又集中学过俄文，到中国后学的就是中文了。1959年，萨安娜和我从北京回到罗马尼亚之后，为了工作上的需要，都参加了外交部组织的业余英文学习班，这样就掌握了英文。所以，1961年、1964年我们再次来到北京的时候，就与其他国家的外交官讲英语。罗马尼亚与澳大利亚恢复了外交关系并决定在悉尼开办总领事馆之后，我就向部领导提出，希望到澳大利亚工作几年。1968年，我偶尔获悉党的高级领导要把我调到党中央联络部当干部，于是就给党中央负责国际事务的书记打了个电话，请求领导让我当几年总领事，扩大我的眼界，丰富我的知识。外交部的领导同意了，1969年把我任命为罗马尼亚驻澳大利亚悉尼总领事，一直到1972年。

在澳大利亚的几年里，我还是有几件难忘的事情。与美国情报局的一个人见面,他知道罗马尼亚领导人愿意同美国合作以促成美国同中国关系的恢复。随便谈了一会儿话之后,他就问我:"罗马尼亚为什么愿意帮助美国同中国对话,使它们的关系正常化?"我告诉他:"罗马尼亚领导人不喜欢世界现在这样的安排,世界分成两个体系,随时都可能发生冲突,局面很紧张。罗马尼亚希望各国都有独立的民族主权,希望所有国家的正常关系都能恢复。"罗马尼亚也不愿意同苏联一起参加什么第三次世界大战,还是考虑到罗马尼亚的国家利益。罗马尼亚领导人愿意促使中国同美国和好,中国同美国和好了,爆发战争的危险就大大减弱了。我想说的是,中国与美国建交,罗马尼亚也起了一定的促进作用。

另一件是我自己遇到的麻烦事。罗马尼亚驻澳总领馆里有一个安全机构的人,事实上每个大使馆都有这样的人,他向国内汇报说我要叛逃。这个人工作本来就不太好,我对他年度的报告评级上写的是及格,他很不满意。另外,他的哥哥也是这个机构的人。所以,他们就合伙打击我。为了证明自己的无辜,同时也因为我的两个孩子必须完成学业,我要求回到布加勒斯特。可是,回到布加勒斯特时没有人欢迎我,按照惯例,一个总领事回来,至少应有一个副部长来欢迎。因为这些人的影响,有一段时间,我什么工作也没做。当时的外

担任悉尼总领事时的罗明

交部长跟我关系也非常好,说可以恢复我的副司长职务,因为副司长的任命是由部长决定的,司长以上是由党中央的书记处和公安部决定的。我说:"我什么都不要,我要辞职。"于是,我给他写了一封辞职信。后来,我又去国防部部长那里,对他讲了这件事。这位国防部长又同高级的领导人接触,让他们把我的辞职信撕了,还专门组织了一个调查团去澳大利亚,调查我究竟有没有这么一回事。到1974年,我已经明显感受到自己的境遇有所改变。有一次,我碰到了波德纳拉希,也把这几年发生的事告诉了他。他听后说:"那个问题为什么没有早些告诉我。你应该告诉我，看看，给你造成的麻烦多大。"还有一次，我在陪同李先念同志访问罗马尼亚的时候，碰到了国防部的部长，我走上前向他打招呼。他旁边的一个人告诉我："你还是对的，你是有道理的。"当时，我感到莫名其妙，不知道谁跟我讲话，他指的是什么。国防部长告诉我，他是党中央组织部部长。接着，我被任命为外交部民警武装部队的负责人，尽管我从来没当过兵，这就表明整个情况有所改变。我后来一直在外交部当参赞，也没给我安排什么重要的职务。

1975年，周恩来总理告诉罗马尼亚代表团，中国恢复了邓小平同志作为副总理的职位。邓小平那个时候不仅仅负责政府的工作、负责党的工作，也负责军队的工作，实际上主持国务院的全面工作。1976年发生了天安门事件，邓小平又不得不退出政治生活并且再一次受到批判。到"文化大革命"结束之后，他又恢复了原来的地位，1978年，他在中国共产党十一届三中全会上发表了重要讲话。我记得，1976年，毛泽东去世、"四人帮"被逮捕之后不久，罗马尼亚就派出了两个代表团访华，一个是负责国际关系方面工作的，另一个是负责宣传方面工作的。他们来中国主要是与新的领导人见面，当时会见他们的是华国锋同志。代表团回来之后，在罗共中央党校作了一个报告，我那时也出席了。报告人是

罗明参赞

罗马尼亚外交部长,他说这次访问总的来说是积极的,罗马尼亚会继续同中国发展关系。不过,我当时提出了一个问题,在场所有人都感到惊讶。后来有人对我说:"你干嘛提出这样的问题,干嘛给他造成麻烦?"我问他:"你们去北京的时候是否有机会同邓小平同志见面?是否有机会听听他的看法?"外交部部长当时就显得很不高兴,回答说:"没有。"这表明罗马尼亚代表那个时候还没有意识到中国的实际政治生活会是怎样发展的,没有意识到邓小平同志会重新成为中国的领导人,那个时候还把华国锋看成是以后的中国领导人。

1978年,外交部决定派我到中国去当参赞,但一直拖到1979年12月才成行。但是,我与那位驻华大使特别是他的夫人关系不是很好。所以,我这次只在驻华大使馆工作了一年半的时间。1979年,我到罗马尼亚驻华大使馆当公使衔参赞,同时也是临时代办。这一年我参加的活动很多,几次陪同罗马尼亚代表团访问中国。这一年有多个罗马尼亚代表团访问,但级别都不是太高。其中,一次比较大的活动是参加罗中两国政府经济技术合作委员会会议,时间是1981年11月中旬,前后开了8天。罗方代表团是由政府第一副总理扬·丁卡率领的,中方主任是国务院副总理陈慕华。开幕式是在人民大会堂举行的,会后,双方进行了分组会谈。

值得提及的是,在这一年,我陪一个罗马尼亚高级代表团访华,受到了华国锋同志的接见,这是当时的合影。这个代表团是由罗共中央书记科奈尔·布尔替克和外交部国务秘书奥雷尔·杜马率领。杜马曾任驻华大使。当时,中国政治生活中正酝酿着一些重大变化,这个代表团来中国访问就是要确定来自中国的各种消息。华国锋主席接见代表团的时间我记得不太清楚,但是,我还记得华国锋主席说过,中国共产党当时正在开中央全会。当时关于这一次全会还没有发布什么消息。后来知道,这次会议是在1981年1~2月召开的,恢复了刘少奇的名誉,并解除了一些领导人的职务。罗马尼亚领导已经得到了一些中国共产党高层领导人要发生变动的消息,知道胡耀邦和赵紫阳已经成为重要的领导人。不过,华国锋当时还是以党中央主席和国务院总理的身份

陈慕华接见罗明

华国锋接见罗马尼亚客人

接见代表团的。

在这过程中，我还陪同过罗马尼亚内务部长、加拉茨县委第一书记等人到西安参观兵马俑、秦始皇陵和大雁塔，到广东参观孙中山的出生地，游览长江三峡等等，许多当时拍的照片都在这个影集中。总之，我在这一年做得很多，但都属于外交官职责范围，好像也没有什么特别的。

但不久，大概在1981年8月或9月，我和萨安娜又回到了布加勒斯特。外交部第一副部长把我叫到他的办公室里，对我说："罗明，我不得不告诉你一个不好的消息，你被调到编辑部了。"他讲完这些之后，又补充了一句话："但是，千万不要再写什么了。"所以，在剧变之前，我差不多有8年的时间不得不在编辑部工作。这编辑部是编辑出版向国外发行的外文刊物，主要是汉语、俄语、英语、法语、德语、西班牙语的罗马尼亚杂志。把我调到这个编辑部工作的理由并不是像他们说的那样是为加强这儿的工作，实际上，我与其他的几十个同事是被从外交部排挤出去的。新调进去的全是埃列娜和齐奥塞斯库信任的安全部的工作人员。我还是比较幸运的，被分配到了编辑部。这个编辑部也归罗共中央宣传部管的。因为懂汉语、俄语、法语、英语，编辑部的领导特意建立了一个翻译科，并任命我为科长。其实，我没有什么特定的工作。编辑部的负责人理解我的处境，对我很好，直到今天我们还是好朋友。编辑部就在火花大厦里。

1983年，我还是找了罗共中央组织部部长，把我的这种处境汇报给他。过了一段时间，我已经明显地感到他们做了一些新的安排，说是要把我任命为驻华大使。可是，最后却把一个本来要派到加拿大的人任命为驻华大使，我的安排也就没什么消息了。后来我知道，外交部让我到中国当大使的建议被埃列娜否定了。其实，早在我去澳大利亚以前，也那是在1969年，波德纳拉希就告诉过我："你将会是下一任驻中国大使。"

1989年罗马尼亚发生所谓"革命"的时候，伊利埃斯库曾经想让我当外交部副部长，但有一些人不赞成。他也没有办法，只好任命我为他的顾问。作为他的顾问，我主要负责把救国阵线这样一个群众团体改变成为一个政党，这项工作进行了几个月。有一天，一位后来成为情报局局长的人来到我的办公室，对我说："罗明，你将会成为一个大官。"所以，现在很坦率地跟你讲，我确实有能够成为一个大官的机会，因为我那时候一直负责执政党的工作。当时，连布加勒斯特的市长都是我的部下，他曾问我要不要一处大的住宅，我说不要。我现在住的这套房子还是1959年分给我的呢。过了几个月之后，我觉得自己还是应当回到原来的外交工作岗位上，萨安娜也这样认为。但是，伊利埃斯库不赞成

罗明大使夫妇来京赴任

罗明同伊利埃斯库为救国阵线注册

这样做，建议我还是负责党的工作。于是，我只好跑到对外事务委员会的负责人那里，他本来是以前的外交部部长，强烈表明我还是愿意回到我以前的工作岗位上，愿意到北京当罗马尼亚驻华大使。他批准了我的请求。伊利埃斯库也没办法，只好同意了。1990年7月30日，我和萨安娜乘火车抵达北京。抵达的时候，中国有关方面的负责人、罗马尼亚驻华使馆工作人员、一些外国使节到站台上欢迎我们。这几张彩色照片拍的就是当时的情形。

我同伊利埃斯库的关系比较好。在罗马尼亚社会发生剧变的那一段时间，我们常常在一起谈论如何领导和管理我们这个国家。这张照片是救国阵线成立后，我同他一起到法院去申请登记注册。那时我是他的顾问，但1990年7月就来中国当大使了。在那之后，我见过江泽民主席三四次。第一次是在他刚刚被选为国家主席之后，我按照国际惯例拜访了他，但交谈非常正式。我给伊利埃斯库当顾问期间，专门成立了一个顾问小组，有好几个人。你看江主席与伊利埃斯库握手的照片，站在我和伊利埃斯库之间的那个人就是顾问小组的，我到北京当大使之后，他就成了伊利埃斯库的主要顾问。1991年1月14日到17日，伊利埃斯库1990年5月当选为罗马尼亚总统后首次对中国进行了访问，我是驻华大使，当然要全程陪着他。中国国家主席杨尚昆、国务院总理

第六章 中罗关系曲折发展的亲历和见证者 | 215

江泽民接见伊利埃斯库和罗明

江泽民接见罗明

李鹏和中共中央总书记江泽民等都会见了伊利埃斯库。其中,与江泽民总书记的会见是15日下午,这张照片是会见时拍的。我顺便讲一下,江泽民主席曾经领导专家小组在罗马尼亚待了一年多的时间,学了一些罗马尼亚话,发音非常好,还学会了朗诵一些罗马尼亚著名诗人的诗。这次会见伊利埃斯库的时候,他就用一首在罗马尼亚有名的诗歌来欢迎客人:"金星,我请你下来,进入我的房子和我的脑子,把我的生命加以开朗化。"我们都很激动。在这次会见中,江泽民主席给我和在场的其他罗马尼亚客人留下了非常好的印象。他既是中国的领导人,也是一位名符其实的很敏感的知识分子,还是

李鹏接见罗明

罗马尼亚的好朋友。后来我知道，江主席主张编一套词典以便帮助中国领导人同外国朋友交流。其中，除了英语、法语等重要语言以外，也包括罗语词典。江主席这次会见伊利埃斯库时，作翻译的是我儿子罗阳，当时他是北京语言大学的硕士研究生。

我有机会几次见到李鹏总理，他还赠送我一块手表。我当驻华大使时，递交国书之后和离任以前，按照国际惯例，总要同驻在国的总理见面。不过，那两次会见的时间都不长，是礼节性的拜会。但是，1991年和1993年伊利埃斯库总统访问中国的时候，我又有机会陪同他会见李鹏总理。我那时候注意到，李鹏总理对罗马尼亚很有好感，同时他对自己在莫斯科动力学院的老同学也表现出了真挚的友情。当时，李鹏总理爽快地答应了罗马尼亚方面的请求，同意中国人民银行给罗马尼亚国家银行提供三千万美元作为储蓄资金。1994年，李鹏总理正式访问罗马尼亚的时候，我一直陪同他。根据罗中双方领导人早在北京所进行的会谈，李鹏总理同意伊利埃斯库总统的请求，给予罗马尼亚国家银行一亿美元作为储蓄资金。我认为，李鹏总理是一位伟大国

李鹏赠给罗明的手表

家的领导人，他意识到自己所代表的是一个伟大的国家，意识到了自己的责任和任务。他办事很认真，很讲效率。

胡锦涛主席我也见到过三四次。第一次是2004年胡锦涛主席访问罗马尼亚的时候，我跟其他的中国人民老朋友一起受到了他的接见。胡锦涛主席的举止和姿态都给我留下了深刻的印象。在讲话中，他鼓励我们继续为罗中关系的加强和发展而努力，一下子拉近了与我们的距离。最近一次见到他是在今年四月份清华大学举行建校一百周年庆祝大会上，我也荣幸地同清华一千名毕业生一起跟胡锦涛主席和其他的领导人合影。

1995年8月，我从罗马尼亚驻华大使岗位上离任，回到外交部了。部领导准备任命我为外交部国务秘书，

罗明展示自己获得的奖章

罗明获得的各种奖章

接替准备去中国当大使的同事。当时,我向部长提出了个建议,希望认真地研究罗马尼亚的外交政策。但是,部长没有接受我的建议,所以我就辞职了。过了几个月之后,我就办理了退休的手续。不久,我加入了大罗马尼亚党。由于我工作很积极,所以,过了不长的时间就被选为中央执行委员会委员和党的发言人。后来,我还参加了全国议会竞选。朋友们建议我在一个大罗马尼亚党一定会成功的选区里竞选,但是,我固执地要在我家乡的选区那里竞选。那里的匈牙利族人多,结果,我竞选失败了。再后来,由于跟大罗马尼亚党的领导人发生了一些分歧,我离开了大罗马尼亚党,开始从事罗中关系的研究工作。2005年和2008年,我跟我的同事编著了两本文献集册,一本是《罗中关系(1880—1974年)》,另一本是《罗马尼亚独立政策和罗中关系(1954—1975年)》。第二本书的出版发布会上，伯塞斯库总统也出席了，编著小组还获得了罗马尼亚科学院颁发的奖金。现在我们正在编第三本罗中关系文献集，时间跨度是从1976年到1981年，这本书一共2000多页，将于2015年跟读者见面。在这些年，我写了不少有关罗中关系的文章，其中一些是回忆我与罗中领导人交往的。我还在科学院、电视台和广播电台作了许多次报告和讲话，内容都是跟中国有关系的。除了这些工作之外，我在这些年还常常到世界各地参加会议，如中国的北京、德国的弗赖堡和和意大利的帕勒莫举行讨论冷战时期中国同东欧各国关系的学术会议，和罗阳一起出席了北京举行的世界汉语大会，和萨安娜一起出席了北京举行的中国对外汉语教学六十周年的庆祝活动和清华大学建校一百周年的庆祝活动。这场合通常都是十分隆重的，但是，我时常不得不发表讲话或做报告。

第七章　致力于中国历史文化研究的史学家

罗明： 我和萨安娜一同到中国留学，许多经历都是共同的。我们虽然各自都有自己的工作和事业，但多年来同样从事与罗中关系、与中国有关的工作。另外，作为一名北京大学培养出来的优秀的历史学家，萨安娜用自己的笔写下了许多有关中国的历史、文化和政治方面的著作。可以毫不夸张地说，她也是促进罗中文化交流的使者。萨安娜所讲的会很好地补充我的回忆。

萨安娜： 1956年，我从北京大学毕业后在外交部新闻司工作了十年，其中，1956~1959年、1961~1964年在罗马尼亚驻华使馆工作，剩下的几年在外交部，主要是做在中国宣传罗马尼亚的新闻工作，有一段时间也负责

萨安娜

朝鲜和越南方面的新闻工作。因为我是罗马尼亚第一批懂汉语的工作人员,所以,除了这个任务以外,我还有许多其他的工作任务,比如做翻译工作,在外交活动中陪同大使、大使夫人和其他的外交官。有时,我还要帮助使馆的工作人员解决日常生活的一些问题,如上医院看病等。当然,最重要的任务是看中国的《人民日报》和其他的中央报纸、地方报纸,以便了解中国的政治、经济、文化、对外政策的发展情况,把所得到的信息介绍给罗马尼亚的领导人。我非常乐意做这些工作,但最高兴的还是我能把罗马尼亚人民的生活及工作情况介绍给中国读者。在外交部工作的时候,我就想出了一个办法:从罗马尼亚报纸已发表的文章中找出我认为中国读者感兴趣的材料，把它们改动一下，从而更适合中国的读者，然后发给罗马尼亚驻华大使馆，大使馆再发给中国的各个报社。这个建议受到了我们外交部领导的重视，他们认为这样做不仅可以节约资金，也可以找到一些适合于中国读者和东方国家的读者感兴趣的东西。

我在外交部工作了十年，其中有六年是在中国。1964年夏天，我们全家回罗马尼亚。当时我病得很厉害，主要是因为那时中国的卫生条件比较差，我的胃酸度又低，不吃辣的，不喝烈酒。所以，我体内的寄生虫多得不可想象。第一次发作是在1955年。当时因为蛔虫挡住了胆管，我的健康情况很危险。我常常想，如果当时没有协和医院那些医学水平极高的大夫给我做手术，我的生命大概就保不住了。所以，我想利用这次机会再次对他们表示衷心的感谢。1964年，我身体状况进一步恶化，因为这些寄生虫所引起的毒素侵袭了我的内分泌和神经系统。大夫让我治疗休息一年，结果，我就因为病情而休息了一年半。除了身体不好难以适应外交部的紧张工作之外，我自己也想换个岗位。这主要是因为那个时候我们妇女在外交部没有什么升迁的机会，连各种升级的考试都不让我们参加。另外，外交部新闻司的工作很紧张。我早上5点钟起来，6点半到外交部上英文课，8点上班，下午5点以后经常有记者招待会等社会活动，或者去党中央那里看《人民日报》以及中国的一些杂志，把相关材料介绍给领导。所以，我常常早上6点出发晚上10点才能回家。这可能也对我的身体有一定的影响。于是，我跟罗明商量更换工作的可能，跟外交部的人也谈了。我想起在1961年党史研究所所长格奥尔基·瓦西里奇访问中国的时候，我陪同他做翻译。他那个时候跟我说党史研究所准备扩大它的研究范围，需要会讲外文的，了解世界各国历史的人才，建议我到研究所去做研究工作。所以，我决定跟党中央负责研究所的书记联系，申请把我调到党史研究所工作。我的申请得到了批准，我非常高兴。从那之后，我开始了我的科学研究工作者的生活。

我先向你介绍一下党史研究所是什么时候建立的，是一个什么样的机构。1950年，罗马尼亚工人党中央委员会政治局发布了一个第二号文件，决定1951年5月8日建党30周年之际建立党史研究所。1952年1月，党史研究所正式开始研究工作。它的主要任务是研究罗马尼亚工人运动、罗马尼亚共产党、社会民主党和其他的群众团体的历史，收集、收藏和出版有关这个历史的历史文献、出版物、回忆录等并在这些材料的基础上撰写一些作品，撰写党和工人运动的历史。研究所在克鲁日、雅西和蒂米什瓦拉等地都有分所，过去关押许多共产党领导人的多夫塔纳监狱成了研究所的附属单位，首都布加勒斯特的革命历史博物馆也由研究所负责组织和管理。

研究所的科学研究工作有一个由党的中央书记和其他重要人物组成的科学委员会来领导，所长是有长期地下工作经验的老党员。

党史研究所的第一批研究人员主要是从地下党员中挑选出来的，他们热情高，可是文化水平比较低。所以，研究所开始从工农子弟中挑选有前途的一些青年，把他们送到大学里去学习，将来准备做研究人员。这些年轻人多半都成了杰出的历史学家，其中绝大部分在所里工作了一辈子。那个时候，罗马尼亚处在苏联军事占领之下，整个社会都受苏联很大的影响，研究所也不会例外。开始的时候，具体领导研究所工作的主要是在苏联培养出来的、无条件服从苏联的指示并坚持很死板的斯大林主义的犹太人。其中，影响最大的是米哈伊·罗勒。他生于1908年，从1955年到1958年是研究所的副所长。他虽然没有历史学方面的训练，却变成了写罗马尼亚历史的权威。他主持编写了一部符合苏联政治要求但违反历史事实的罗马尼亚史，强迫罗马尼亚人接受这本书，并把它作为唯一的罗马尼亚历史教科书，这就深深地伤害了罗马尼亚人民的民族感情。在1958年6月份举行的党中央全体会议上，他受到了严厉的批评。没过几天，他就在所里自杀了。关于他死因的说法不少，可以肯定的是他患有很严重的糖尿病，他的女儿也悲剧性地去世。更为重要的是，好多人反对他，因为他对罗马尼亚历史的篡改，大大地刺痛了罗马尼亚的民族情感。他坚持苏联的、共产国际的那种很死板的斯大林主义，现在我们讲"罗勒主义"，那就是带有很强烈的反面意思。

1958年6月党中央全会以后，研究所的工作逐渐有了变化。在继续搜集和研究有关党的历史的文件、编写一些历史书的同时，研究所开始重视研究罗马尼亚国家的历史以及历史哲学和历史理论等问题。此外，研究所还研究各国的发展史。每年招进研究所的研究人员也就多了起来。他们都是大学的优秀毕业生。研究所的图书馆和原来党中央的图书馆的一部分变成了一个独立单位，但仍属于研究所，它存有三十多万册书，另外还有7500份杂志和报纸，算得上是全国的一个收藏书籍很丰富的图书馆，特别是在第三国际时期用罗文出版的书籍、杂志和其他方面的文件在罗马尼亚是排第一位的。在这样的基础之上，图书馆又逐渐增加了各国出版的最有代表性的、最有价值的历史、社会政治科学和哲学的著作。这个图书馆和拥有6000件文献的档案库，再加有36 000张有关罗马尼亚从早期到1985年历史发展的文献和物质文化照片档案，使我们研究人员具备了良好的研究条件。

1961年，扬·波佩斯库·普祖理当上了所长。他是党中央委员会的委员，一个罗马尼亚人，也是一个知识分子、地下党员。普祖理当过罗马尼亚通讯社的社长，以后又当了罗马尼亚驻匈牙利大使，在任期间正好赶上了1956年匈牙利事件，从匈牙利回来后就成为研究所所长。1976年，他还当上了罗中友好协会会长。普祖理上任后，提出了好多改革方案。我认为，他的改革方案本身就是当时罗马尼亚独立自主政策表现的一个方面。他提出："我们这个研究所应该把党史包括在罗马尼亚的历史之内，主要研究罗马尼亚历史范围之内的党史和工人运动、民主运动到底起了什么样的作用，它们在社会发展中的地位及作用是什么。"

1966年月8日，齐奥塞斯库在纪念建党45周年大会上发表的讲话中规定了研究所工作的新方向，因此，党史研究所就把名字改成了罗马尼亚共产党中央委员会历史社会政治科学研究所。改名字反映了一件基本的历史现象：匈牙利事件以后，罗马尼亚党政领导开始清醒地认识到了苏联模式的社会主义制度的不足，开始独立地摸索出适合自己国家发展的模式。普祖理所长就在我们研究所大胆地建议开始研究一些从前难以想象的题目，如欧洲各国的法西斯极权制度、安东内斯库元帅第二次世界大战期间所建立的政治制度。1979年,也就是书刊审查制度取消以后的第一年，我们所研究人员写的关于欧洲各国的法西斯极权制度的第一本书出版了。同年，奥里卡·西蒙编写的《1944年8月罗马尼亚武装起义的政治外交准备工作》也出版了。这本书很受读者的欢迎。但是,罗共中央主管宣传的书记来到研究所,责备所长出这本恢复安东内斯库元帅历史地位的书,因为它而引起了苏联的不满。普祖理告诉他:"这本书里写的一切真实地描写了罗马尼亚的历史,齐奥塞斯库也知道它已出版了。"但是,后来在中央宣传部门的压力下,这本书还是被禁,并从书店的架子上撤下来了。可是,所长拒绝把西蒙从研究所赶出去。可惜,西蒙过不多长时间因癌症去世了。这本书是很珍贵的,是我们研究人员希望写好历史的一个表现。安东内斯库元帅的历史地位的恢复,为他平反昭雪,一直到今天还是摆在罗马尼亚历史学家面前的一个任务。2011年,以色列历史学家特苏·索洛莫维奇打开了完成这个任务的大门,在布加勒斯特出版了一本多年认真研究工作的成果——长达800页的《安东内斯库传》。

改名之后,研究所的研究范围就扩展了,包括罗马尼亚史、共产党和群众组织的历史、军事历史(1974年这部分内容划归到军事研究所了)、罗马尼亚的社会制度的发展和形成,以及诸如历史哲学和历史研究的理论问题。新的研究内容还包括国际问题,其中一部分是工人运动史、社会主义制度的建立和发展;另一部分是民族解放运动史和现代资本主义制度及其社会政治思想体系研究。特别需要指出的是,我们研究所跟其他社会主义国家及各国的同类研究所建立了联系，定期举行学术研讨会。特别值得指出的是，我们研究所还与中共中央党史研究室、社会科学院历史研究所、"红旗"杂志社和"历史研究"杂志社等单位都有代表团年度互访关系。

当然，除了这些之外，研究所还搜集和整理珍贵的档案，特别是很重要的历史性的照片、重要事件的照片。我们用很科学的方法把它们选编在一起，搞了一个照片库，那些都是罗马尼亚是现代史上最好的照片。我至今记得，乔治乌–德治的照片在我们所里有12756张，而齐奥塞斯库从1965年到1979年的照片有3806张。我们研究所还办了两个杂志，一个是理论性的杂志，叫《年鉴》，1990年以后停止出版了。另一个是普及历史知识的杂志，叫《历史杂志》，它从1967一直出版至今，每年12期，每期发行两万册。这两个杂志在历史科学杂志中的威信很高，因为编辑部对稿子的要求是非常严格的。更为重要的是，这两个杂志社有一段时间好像能摆脱僵化的政治指导思想，每一期里面都有一些新的东西，内容比较丰富。可在1972年以后，随着个人崇拜的加深，它们也逐步地发生变化。

研究所里的人员也是比较多的，大部分是历史研究者。其中，国际部的研究人员都是在所研究的那些国家学习过，像我在中国学习过，研究波兰的在波兰学习过，研究保加利亚的在保加利亚学习过，负责匈牙利的则是我国的一个匈牙利族人。所以，我们整理资料、写文章的时候，都懂那些国家的语言和历史。1966年和1967年以后，所里对研究人员在科学知识方面的要求越来越高了。以前，研究所里有一些从原来做地下工作的普通工人选拔出来的研究人员，他们所写的材料总得有一些读过书的人来给他们修改。后来的情况就不是这样了，因为绝大部分研究人员都是大学生、博士生。不仅如此，研究所也可以招博士研究生了。所以，我们一部分研究人员是在布加勒斯特大学历史系获得博士学位，另一部分就是在研究所内获得学位。

一般来说，如果跟全国一般情况比的话，我们的研究条件是非常好的。实际上我们的研究水平很高，因为我们有特殊的待遇，比如说可以看档案，可以看图书馆党库的书籍等。我们那里的研究人员特别认真，勤奋，他们知道作为历史学家的责任是什么，对党的政治路线的责任是什么，当然发表文章时要按党的要求，是有一些禁区的。但是，我们写内部材料和博士论文的时候可以遵循科学真理。一般来讲，每一本研究所出版的书都有两个不同稿本：一个是准备公开出版的；一个是完整的、有科学结论的，并准备放在档案库作为内部使用的。

有一段时间，我们的所长有个想法，要把这个研究所和其他的科学院组织的历史研究所合并到一起，建立一个全国性的历史研究所。他努力地要做到这一点，因为他认为罗马尼亚的历史应该是统一地来研究。为了这个改革计划，他做了好多好多工作，但最后也没能实现。我想，当年他要是真的将几个历史研究所合并了的话，党史研究所在1990年解散的时候，资料不会大量丢失，研究人员的境遇也不会那么惨。比如，我刚说的那些照片和其他档案材料、图书馆的书等不少都丢失了。还好后来还是有一些英明的知识分子决定把这些材料搬到科学院和大学的图书馆。丢失了多少我不知道，但是，我估计会有一些损失。其实，我们的研究人员是很好的。总的来说，特别是研究国际问题的那些人，还有研究共产国际的几位水平都特高。据我所知，这个研究所出版了166部很重要的历史作品。除此之外，还编了许多文献、承担了不少研究课题，如1907年的农民革命、罗马尼亚和特兰西瓦尼亚的统一的文献和研究材料、1919年至1939年期间罗马尼亚外交政策的材料、1848年罗马尼亚的民主革命等。

1967年初进历史研究所的时候，我是又激动，又高兴。国际部的研究人员都很热情地欢迎我，给我解释工作任务。他们告诉我，虽然大家的工作量很大，可是都很愉快。他们刚刚出版了一系列反映罗马尼亚人民对十月社会主义革命、对匈牙利苏维埃、对南斯拉夫人民斗争的同情的文献和文章选集，此时正在编写罗马尼亚人民对中国人民的友好和同情的文章选集及难度很大的《欧洲各国法西斯极权制》，后一本书先后于1979年、1980年和1983年出版了三本。我很快就熟悉了研究所的工作气氛，暗自下了决心，一定不要落在我的同事们的后面。

我开始研究工作的第一步就是了解在各个图书馆收藏着有关中国的书，然后在这些基础上制定我的研究工作的计划。完成了这些工作之后，我就告诉所长我准备以《中国革命和共产国际的关系（1920—1927年）》为题写一篇论文。我原来想一直写到1949年，后来因为有别的任务就没有再往下写。这篇长论文一共有120页，但不能公开发表 只能作为内部参考之用。以后，我又写了并在《年鉴》杂志发表了一篇关于毛泽东的文章，主要是介绍了斯图亚特·施拉姆（Stuart Schramm）写的《毛泽东传》和埃德加·斯诺(Edgar Snow)写的《西行漫记》，还发表了《中国共产党建立的历史背景》等文章。1968年，我参加了科研人员的职称考试并获得了科研人员的称号。

从1968年冬到1972年夏，我陪同罗明去了澳大利亚。但是，我在那儿也没有闲着，在澳大利亚国家档案里开始研究这个岛国的历史，也准备写一本关于澳大利亚的书。

回国以后，我参加编写《罗马尼亚人民对中国人民的同情和友谊传统》一书。它是一套丛书中的一本，主要是汇集19世纪末以来罗马尼亚各个报刊上发表的关于中国的文章和资料。我们搜集到的材料多得很，整整摆满一个书架子。选编者们中只有我对中国历史有一定的了解。许多资料都写得很感人，表明作者对中国情况得了解，对中国人民斗争的无比同情。当然，也有个别的文章写得非常很幼稚或者反映出作者对中国历史现实了解的不够。同事们选出来的材料我都看了，我换下了一些我认为不合适的。选编完了之后，我们所长让我写一个前言，把1949年到1971年的罗中关系描述出来。我写出来以后就交给国际部的部长、副所长、所长。他们批准以后，稿子才交给政治出版社负责出版这本书的责任编辑。有一天，有人通知我去一下出版社。我到后，出版社的负责编辑问："你这个前言怎么写的？"我说："根据罗马尼亚报纸发表的文件和文章写的，也就是罗中代表团互访的一些内容。"他们责备我说："你自己看一下，这篇前言提到乔治乌–德治的名字多少次，提到毛雷尔的名字多少次，提到基夫的名字多少次，可提及齐奥塞斯库只有四次。"我回答道："那我没办法，因为齐奥塞斯库同志1965年才当上总书记的，他当然不能跟那些人参加代表团的次数一样多。"他们不听我解释，训斥我说："你根本没有政治觉悟，你也没有提及

1971年埃列娜·齐奥塞斯库也参加了代表团。"我回答说："她并不是代表团的成员，通报里面是写这次访问也有埃列娜参加，所有这些那是按照罗马尼亚报纸口径写的。我是历史学家，我不能创造。"过一会儿，一个高个子的人也进来，也责问我这篇前言为什么这样写。当时，出版社那里正好修路，很难走。我从出版社出来后，哭着爬过修路的工地回到家。第二天，所长的秘书告诉我，出版社的那两个负责编辑来了，让我去。一见面，他们又教训我，责备我没有政治觉悟。其实，我们所长也看了我写的那个前言并说很好。不过，所长很聪明，他对我说，这个前言很有参考价值，把它放在档案库里，留作内部参考，就不放在书里了。

那个时候，我还没有意识到，从1971年开始，齐奥塞斯库的个人崇拜就在年年膨胀。1973年，罗马尼亚全国隆重地庆祝了他55周岁生日和从事革命活动40周年，为他出版了一本厚厚的画册，题目为"崇敬"。以后更是年甚一年。在这种背景下，我们研究所就开始编辑和翻译齐奥塞斯库选集，并在世界各国发行，一共30本。到了1979年，对埃列娜的个人崇拜也出现了，每年都要隆重地庆祝她的生日。1989年，罗马尼亚对他们俩的个人崇拜达到了荒谬的程度。让我举个例子吧。我写完博士论文初稿之后，把它交给学科指导老师，他看了看参考文献那一页之后就对我说："齐奥塞斯库同志的文献你连一个也没有提，论文第一页上也没有他引的话。这样肯定不行。"可是，我写的是中国抗日战争，齐奥塞斯库那时候哪有这方面的论述啊。无奈之下，我思考了很长时间，就决定把他在接待中国代表团和他访问中国时发表的演讲都列在论文的参考文献当中，一共有二十页。齐奥塞斯库的那些演讲跟中国人民的抗日战争毫无关系。但是，我不得不这样做，结果博士论文就合乎规格了。

在研究所工作的几十年中，我最喜欢写的东西就是关于中国人民的民族抵抗运动，因为这将近100年的历史反映了中国的过去和将来。70年代末，国际部的研究人员陆续完成和出版《欧洲各国反法西斯抵抗运动》，共三本。接下来的任务就是编写和出版《亚非各国的反法西斯、反帝国主义抵抗（1931~1945年）》。我负责写中国和菲律宾的部分。当时，中国还没有出版有关抗日战争历史的著作，所以，在参考资料方面我有一些困难。还好在1979年末，罗明被调到北京任罗马尼亚驻华使馆公使衔参赞，我就可以利用这个机会在各个图书馆找有关抗日战争的参考资料。比如，在报刊资料库中看到了30年代出版的报纸，像"救国时报"等。在革命博物馆跟专家交谈，看到许多珍贵的文献。所有这些对我帮助很大。1981年回罗马尼亚以后，我很快就编好了书中我承担的那部分，一共100页，占这本书总页数的六分之一。后来，我在这部分的基础上扩展写成我的博士论文。1986年，《亚非反法西斯、反帝国主义的抵抗运动（1931~1945）》由军事出版社出版了。《中国历史研究动态》杂志1987发表了一个书评，对本书的评价相当高。我写论文那个时候，在中国还没出版有关抗日战争史的著作，我所看到的最早的中国人写抗日战争的书都是80年代后期写的。以后出版的有关这方面的著作，我都看了。我很高兴地看到我对一些事件的描写和评价都是正确的。论文还有一部分是描写罗马尼亚人民怎么样支持中国人民的抗日战争。

我在研究所工作的最后两年参加编写各国近代杰出领导人物的书，其中，有关欧洲、美洲各国的都已经出版了，1986年末决定出版第三本。这本要包括亚非各国杰出的政治领袖的传记。我的任务是写周恩来的传记。我很高兴地开始找参考资料，花费了很大精力，写好了规定的30多页的稿子。可是，当我们这本书的十个作者把各自写的传记稿交给政治出版社的时候，出版社却通知我们说上面有指示，以后在罗马尼亚只能出齐奥塞斯库和埃列娜的传记不能出版任何国际人物的传记。我们写了那么长时间，还是想出版。最后，责任编辑就把书名改为《独立，不结盟，和平》，实际上里面的内容还包括周总理和其他的亚非各国领袖的传记，每章的题目也改了。比如，有关周恩来一章就改为"亚非团结，和平与进步的因素"。这本书是1989年下半年出版的,是我们研究所出版的最后一本书。

我刚进研究所的时候,所长建议我研究中国的某一方面,因为研究所里没有懂中文的人,更没有懂中国历史的人。我首先到所里的图书馆去了解都有什么样的书,但发现根本没有中文书,只有共产国际谈中国问题的俄文材料,还有从西方国家进口的好多有关这方面的书。于是,我就开始研究共产国际和中国革命的关系。我的中国革命史是在中国学的,当然自认为我所学的一定是最好的,所以不接受别人的意见。可是,当看了一些国外著名汉学家写的书,我就觉得自己还不行。比如说,我原来认为外国学者有关中国第一次国内革命战争期间武汉政府和斯大林之间来往电报的描述不对,可是,后来我看到了共产国际的电报原文,才发现他们所写的很多都是对的。所以,以后我做研究工作时就特别注意这一点,这也是我们研究所所长和党中央的意思。研究一个国家的历史,一定要用那个国家历史学家的研究结果,把这些结果作为你研究的基础。但是,也应该看看别的国家的历史学家怎么写,看他们利用的是什么材料。如果他们用的是比较有价值的材料,那么,我们就应该参考。不过,我们要表明的总是中国历史学家的观点,我一生都以这个原则为基础。我认为,这个方法是正确的,应该尊重每一个国家学者对自己国家历史的判断。每一个国家有自己的历史背景，有自己的民族利益，所以，我们应该尊敬他们这方面的研究结果。其他国家的学者怎么看也有用，也应该考虑。

我在做博士论文的时候，虽然参考资料有限，可是我非常注意对当时中国的每个历史人物所起的作用尽可能客观地了解和评价，包括蒋介石这个人在内。我们所《历史杂志》的一个编辑到中国访问，去了西安，看了蒋介石被逮捕的地方。回来后，他写了一篇文章拿给我看。我看后觉得，他对西安事变、对蒋介石的描述很不真实，只是写了一些很可笑的小事。所以，我就向他解释西安事变的复杂性，建议他改个题目，比如，描写他参观过的秦始皇陵，可是他不同意，非要写不可。我就没有办法，只好把这些告诉了所长。所长对那个编辑说："你写得太幼稚了，不能反映当时的历史，也反映出你对中国的历史不懂。"后来，那个编辑来问我，是不是我告诉了所长。我说："是，因为我希望你写的东西要正确地反映中国的历史。"我们所长也是这样的看法，所以，他和我合作得非常好。比如说，在中国的"文化大革命"期间，他告诉我："你应该了解中国的'文化大革命'，你现在写的东西一篇也不要发表，都作内部用。'文化大革命'是一个太复杂的事情。我们也没什么可能研究它，即使可以研究那也不是我们的事，而是中国人的事。中国人怎么进行研究，他们自己最知道。等一切情况都清楚之后，我们可以写中国历史的大问题。"所以，他支持我写中国历史上大人物的传记。

我写了不少中国的历史名人传记，将近30个。我以司马迁《史记》做基本的参考资料写了孔子、秦始皇、司马迁、蔡伦、张衡、张骞、班超、孙子，写了唐明皇、武则天、周达观、汪大渊、郑和、康熙皇帝和近代中国的第一代外交官郭嵩焘、曾纪泽，还写了现代中国的代表人物，如毛泽东、爱国人物潘德明等。近十几年，我每年都要在《历史杂志》上发表三四篇文章，其中，有五篇关于慈禧的。

当然，除了关于有关中国的文章之外，我也写过其他国家的。我到过许多国家，如英国、日本、澳大利亚等，更不用说欧洲的国家了。有一次，我把一篇关于日

刊登萨安娜文章的杂志

本的文章交给杂志社时，报社的社长说："萨安娜同志是不是想告诉我们，日本文化就是中国的文化？"杂志社的工作人员让我看社长写的这个意见时，我就拿笔在上面写了一个大大的"是"，因为我就是想说明这一点。罗马尼亚的知识分子对日本的一些艺术、文化的了解比对中国的多，所以，他们认识中国的文化是通过日本而得来的，这种状况后来才慢慢调整过来。比如，我写的那篇文章就没变一个字，按照我写的原文发表了。可是，刚开始的时候，我的处境真不容易。人家一听我解释中国的什么情况的时候就说："你的那些中国的东西又来了，不可能是那样的。"我第一次听到这样的话的时候非常纳闷，就问他们："情况就是像我说的这样，你们怎么能这样对待我的意见？"听他们说了几次之后，我就告诉他们说："我在中国待了十几年，我在那儿学习过，我也会讲中国话，我也学了一些中国的文明、中国的历史，你们应该相信我说的话。"后来，他们就慢慢转过来了。但在相当长的一段时间里，我提出的有关中国的一些基本的看法，他们都不能接受。我认为，如今在欧洲仍然有这样的态度。比如，我教中国外交史，很多人都不知道中国传统的外交基本思想。我也跟学生讲，每一个大国形成的时候，一般都是用武力来实现它的权力。可是，中国是另外的一个世界。它很早以前就打下了中华民族外交的基础，当然也有像三国那样混战的时代,可那不是儒家思想的基本做法。

很遗憾的是,最近几次去中国,我都没能碰见一些专门研究中国外交史的历史学家,也没找到任何一本书。最近,因为写一些关于郑和的文章,我跟上海的学者有了点联系,上海还是有一些人研究这方面的问题。我认为,中国外交的历史和基本原则应该大大地宣传给外国人,目前这是急需的。我每次写郑和的文章,都强调它的特点。我记得2005年我给一个研究会做报告,也有几个将军参加。我讲了郑和每到一个地方,都

萨安娜展示自己的作品

请当地的领导人带他们去拜会他们祖先的坟墓或者是象征着他们国家文明的地方，表现出一种并不是占领，而是尊重这个国家的领土的态度。当时有一个将军就站起来了："你别说了，这么大的一个船队不是殖民主义是什么，中国人出去就是要扩大他们的势力范围。"我说什么他们都不相信，所以，我后来就写了那些关于郑和的文章。另外，还有好多人认为中国的长城是为了与外界隔绝。格罗查在自己的书里面就说到："中国是唯一的自愿地把扩大势力范围限制起来，因为长城不是为了与外界隔离，而是表现了中国人和平的、保卫自己的政策。"50年代，我看了格罗查的书，很喜欢他关于长城的看法。所以，我在1976年写的第一篇文章就是关于长城的历史。

除做科学研究之外，我还经常被调到党中央做翻译。有一年我做了260天的翻译工作，包括陪同从中国来的省市级党政代表团、工会代表团、医生代表团、中罗友好协会代表团等。年终写工作总结的时候，我就跟所领导说，我一年有260多天都在外面，每天不是工作8小时，而是24个小时。那个时候，罗马尼亚还没有多少汉学家。罗马尼亚虽然也派遣了不少留学生到中国，但多数后来都改行了，留下来做汉学工作或者做研究的很少。外交部有几个人一直干到退休，他们对罗中两国关系的发展作的贡献是很大的。80年代初，齐奥塞斯库说罗马尼亚已经有了自己培养汉学家的条件了。既然布加勒斯特大学有汉语系了，就可以不派留学生了。可是，它培养出来的毕业生在发音、语法等方面水平都不够标准。另外，除了汉语以外，我还会说其他的外国语言，所以，所长接见外交使团的大使们、外交官、外国来的代表团时，我经常做翻译工作。这些机会使我了解到我们研究所的重要性和党高级领导对国内所存在的一些问题的看法。

在研究和写作过程中，我依据的资料主要是《人民日报》和《红旗》杂志。但是，当时罗马尼亚的思想控制很厉害。党的宣传部规定了120个词不能使用，如民主、改革、独裁、团结、专制等。再比如，我可以写戊戌变法，但不能发表。所长对中国的问题很感兴趣，所以，他常常让我在研究所的科学委员会上用一定的时间介绍中国最近的情况。在这样的情况下，虽然不能发表一些东西，有一些词不能用，但是，我们研究所内部还是什么都可以说的，任何词都可以用。总的来说，我在研究所工作的近30年是我一生因为能获得很多知识而感到满意的一个阶段，我为能有条件了解中国历史、文化和发展而感到十分满意。在我心目中，这个历史研究所、所长、领导科研工作的同志们、国际部的同事们都有着很重要的地位。我永远不会忘记他们并感谢他们给我的帮助和友好的支持。我深信，如果没有我这近三十

萨安娜在书房里

几年的努力，没有研究所创造的工作条件和科学研究气氛，我在退休以后的二十几年也不会有那么富有成绩的幸福老年生活。你知道，我退休以后的这些年写了很多文章，还出版了《象征之国度》《龙的胜利——第二次世界大战中的中国》《神州》《中国外交的历史及精神根源》和《中国茶文化》等五本书。现在，我把这些书和杂志拿出来给你看，把我写的这五本书送给你。我做的这些工作无论在中国还是在罗马尼亚都获得了比较高的评价。在中华人民共和国国庆五十周年的时候，阮红写的《萨安娜和她的中国情结》发表在《世界博览》1995年第6期上，对我做了比较详细的介绍。我三次获得了罗马尼亚"历史杂志文化基金会"的奖励，一次是2000年，获奖的《象征之大地》，是迪米特里·斯图尔扎（Dimitrie Sturdza）亲王给我颁的奖，他现在住在瑞士。另一次是在2008年，获奖的是《中国外交史》。第三次是在今年，获奖的是《中国茶文化》。1989年剧变发生之后，研究所也很快就解散了，好多工作人员都不得不自寻找出路，到退休年龄的就退休了。但是，当时各个单位对我们的态度非常不好，如科学院。那里的人认为我们在党史研究所工作的人待遇非常高。实际上，我们研究所人员的待遇和一般的研究所人员的待遇是一样的。至于领导干部的薪水、待遇，那是另外一回事。

萨安娜获得的奖章

这是原则方面的问题。后来，有的人慢慢认识了这一点，态度就变了。1990年我们研究所解散时，一部分人去了军事历史研究所。但是，科学院的历史研究一个也不接收，只有科学院图书馆接收了一些人。我们的副所长是一个非常好的人，他对大家说："我不把你们都安排好，就不休息。"所以，他就拼命地跟这个打电话，给那个打电话，为所里的研究人员联系去处，他知道这些人是国家的宝贵财富。

本来我也可以早退休，可是我不愿意。孩子都大了，我可以比较放松地做更多的研究工作。但是，很可惜，研究所解散了。我也没有别的办法，1990年3月就退休了。就在我从研究所退休的时候，罗明被派到中国当大使。1990年夏天到了中国之后，我便开始参加外交使团的活动。早在1980年初罗明在驻华使馆当参赞的时候，我和美国大使的夫人、联合国大使夫人时常见面。她们跟我讲，现在中国开放了，她们希望我能帮助使团的夫人们和在北京的一些外国人了解介绍中国文化。于是，我们就成立了一个北京国际协会，其主要目的是介绍中国文化，参观北京的名胜古迹。很快有很多人要参加，报名的人都要交30元人民币左右的会费。但是，这就糟糕了，我遇到了麻烦。我们的大使对我说："你怎么敢参加这样的一个组织？"我回答说："这是个是文化组织，我们集一点钱是为了复印一些材料，买一些茶叶什么的。"后来,这事也就不了了之。1990年我再次回中国的时候,这个组织已经很大了,有几百人参加,每个星期都有活动,隔一个星期去外地参观,许多人都还认识我。这时,我已经是大使夫人了。所以,我在这个组织里做了一个改革,提出"我们要想认识中国,就不要靠外国人给我们做讲演,我们要请中国专家"。所以,我就请好多中国的文化活动家,比如说,表演艺术家于是之、英若诚,音乐家李德伦和一些书法家等,他们都来给我们做讲座。他们讲的内容都和中国文化有关,如中国的舞台艺术、音乐、茶文化、中国的饮食文化、中国的民间艺术、中国的佛教音乐、中国的绘画艺术等。此外,我们还组织了会员参观雍和宫、北京电影制片厂、云居寺、法海寺、大钟寺等。这样也就大大地提高了大家对中国文化了解的程度。这些活动获得了外交使团及其家属的欢迎和支持。

当时,我们驻华大使的夫人还有一个自己的组织,叫"book club",挺像读书会的。书装了差不多10个纸箱子,每个月轮流到一个大使夫人的住所,在那儿摆出来。来的大使夫人们把看完的书换回来,挑选新的。在这些书中,有一些关于中国的。可是,我看那些关于中国的书都是外国人写的。绝大部分是从香港买来的,价钱很高,一本的价钱可以在中国大陆买十本。于是,我跟中国外文出版社联系,有一天出版社的人来了,给我们带来很多他们出版的中国文化方面的外文书，我们都买了。后来，我女儿在北京做大使夫人的时候，对我说她也有一个"book club"。其实，她不知道，对那个俱乐部及其活动我也有一定的贡献。通过这个俱乐部，各国的大使夫人就习惯了看那些有名的中国文化方面的作品，知道了中国文化方面新出的书。所以，我们就是用这些书在大使夫人中间宣传中国的文化。有一段时间，罗明在罗马尼亚大使馆专门给我留出了一间房子，因为那个时候的书已经不是几箱了，而是有两三个书柜。同时，这个读书俱乐部的活动也扩大了，我们每月在大使馆举办一次有关中国文化的讲座，介绍一些有关中国文化的书，举行中国古乐器的音乐会等。每位大使夫人回去都非常满意，她们认为这些活动丰富了她们对中国文化的认识，加深了她们对中国精神生活的了解。直到现在，我们这些大使夫妇每隔两年会轮流在各国的首都会面，名字就叫"old China hands meeting"。我们从2003年开始在奥地利，以后在丹麦、比利时、荷兰，最后一次是2011年9月25日在瑞士参加了这个活动。正是中国的文化使得各国驻华大使之间的关系变近了。在荷兰聚会的时候，前任印度的大使也来了。他说："我看大家就好像在北京一样，我们友谊的基础是什么？"大家都说："是中国文化。"

从1990年到1995年，我又在中国待了五年。在这期间，我与中国文化界人士的关系非常好。我还是首都剧院联谊会的会员，首都剧场有一次请我给他们做报告，讨论的是话剧是不是还有前途。这里还有炎黄艺术馆的一些材料，我也经常参加那里举办的一些活动。

在罗明大使开始从事外交工作之后，我主要是在后面支持他的工作，因为有代表团来的时候，罗明的工作是很忙、很复杂的。那时，我一般都是做新闻方面的工作，属于比较简单但又必须做的工作，比如说买一些书、代表团需要的东西，打电话联系一些中国方面的人。罗明一般来说都是很忙的，24小时陪代表团，一星期得干八天的工作。所以，有时候他回来就累得不成样子了，我要好好照顾他，希望能帮助他，因为我知道他的负担太重了。罗明23岁就开始做这个工作了，23岁的人就参与高级领导人的政治往来，真的不简单。一般来说，这个工作都是年纪比较大的人来做，但因为他的中文基础非常好，所以，就让他做了。我了解我的责任，我从来没有抱怨过。不过，即使如此，我也没有放弃对中国历史和文化的研究。在研究中国抗日战争的那个时期，我已经当上外祖母了。女儿和女婿还上学，很忙，所以，是我把小安娜培养大的。我记得她生下来的时候我正在写博士论文，那时候白天上班，带她，每天夜里在浴室写。后来，我们请来了一个保姆，她只带孩子。有一次我在办公室睡着了，同事们特别好，他们把电话线也拔了，让我好好休息。

这一切都过去了，我非常高兴我能做到这一切。我经常说，没有中国文化和中国历史的刺激力，我到了80岁头脑不会这么灵活，精神不会这么饱满了。所以，我在这方面也得感谢中国。我觉得世界上很难找到像中国这样尊敬那些了解它自己文化的外国人。中国人很尊重对他们有友好感情的人，我们非常高兴。我有好多在别的国家学习的同学，但是，他们从来没有受到过像我们在中国受到的这样的待遇。这跟中国历史、中国文化有关系。

退休以后，我也教过书。从2004年到2009年，康斯坦察大学邀请我去教中国外交的精神和历史根源这门课，我感到特别高兴。那儿的一位大学教授对中国、日本的东方文化非常感兴趣，所以向学校建议，让我给硕士研究生讲这门课。其实，我还是愿意教下去，只是太累了。我开始写讲义的时候，还去过两次中国，跟中国一些历史学家举行过座谈，他们说没有人研究这方面的历史。所以，这方面的参考文献还是太少了。对于中国外交的精神根源，我认为主要是孔子的思想，即天人合一、大同的基本思想。中国外交和中国外交的活动的特点是文化扩张，而不是武力。没有文化扩张，中国的领土不会扩展到那么大的地方。周围的各民族也自愿地接受了中国的文化、中国的国家组织制度等，因为它们知道没有这样先进的精神文化就无法发展。一般来说，我就按照这样的思想讲。从商代第一个国家政权机构的建立开始，在那个时候就已经确立了这样的基本原则。我们经常说皇帝或者国王是上帝的替身，可是中国领导人物认为他们不但对上天有责任，对人民也有责任。如果他对人民做好事，上天也会帮助他治理国家。当他得罪了人民，上天也会赶走他。这样的思想在别的国家只是在近代史上才出现。

我在退休后写的东西比以前还多，除了不需要干别的工作之外，更重要的是有自由。我经常这样形容我们以前的处境：我们的手和腿都被绑上了，然后被扔到水里去与其他的国家的历史学家比赛。这个也不许说，那个也不许做，只能按照党的基本原则讲。当然，可以思考和写的又不能发表。研究所里面的学术活动非常丰富，我记得我们每年有一次内部的学术报告会，人们发表了很多很有趣的、学术基础很强的文章。但是，当时我总是怕说错了。我记得有一次研究所的一个朋友后来对我说："你三十年来，在党基层组织会议上一次言都没发过。"但在1989年以后，我就可以发表我的文章和著作了。这些书都是我自己出钱出的，现在很多书都是知识分子自己出钱出版的。可能同中国不一样，在罗马尼亚需要多少钱取决于你印多少本书。比如说，《外交史》一本需要付二十多列伊。《茶文化》也是一

萨安娜与本书编著者合影

本二十四列伊，而且还去掉了许多插图，保留下的手绘图也不是彩色的了。但是，我认为我花的这些钱是值得的。有些人看我的书，给我写信，我就觉得钱再多也要花。我知道的很多知识分子都这样想，这样做。2011年，《茶文化》出版的时候，出版社给了我五十本书作为稿费，以后印了多少我就不知道了。其实，我了解出版社也挺困难的，纸张也挺贵的，但是我们作者也得吃饭，也需要穿衣服。给我这么多书，这已经算是很不得了了，可见这本书卖得还是不错的。无论如何，我还是愿意写，愿意出书。现在能出我非常高兴，我也从来没跟出版社提过什么要求。我经常合作的这个出版社很小，它的经理是布加勒斯特大学哲学系的一个教授，也是个知识分子，他希望出知识界写的书，出有收藏价值的书。我在这个出版社出版了三本质量都很好的书。我很满意。

顺便再告诉您一件事，离布加勒斯特不远有一个过去的王宫，现在是布加勒斯特文化活动中心，每年都要在那里组织一些文化活动。在这个王宫里陈列着不少来自中国的东西。1999年，它举办了一个有关中国文化的展览，我不仅把我们家保存的一些中国的物品带去，而且还在现场做了一个报告，题目是"中国的象征"。当天活动进行的时候，有电视台拍摄，而且节目当晚就播出了。所以，第二天去博物馆的人特别多，门票都卖光了还不够。经理跟我说文化中心从来没有过一个活动有这么多人参加。你知道，这个王宫在郊区，离城市中心比较远，从城里开车需要20分钟。那是非常成功的一次活动。通过这件事可以看出，中国文化在罗马尼亚有非常大的吸引力。

第八章 传承父母事业的子女

罗明：在回忆起罗马尼亚与中国友好合作关系历史的过程中，我也是在回忆我们一家人在中国学习、工作的情况。我和萨安娜退休之后在罗马尼亚展开宣传有关中国的文化、文明知识的一些工作。我们的女儿、女婿曾经在中国工作过好多年，其中，女婿在中国当了8年大使，2011年底到布鲁塞尔，在欧盟对外行动署工作，主要负责欧盟同亚太地区国家的关系。他们的工作很忙，因为欧盟非常重视同亚洲特别是同中国的关系。我们的儿子罗阳也曾经在北京语言学院（现为北京语言大学）学习了很多年，在那里取得了学士和硕士学位的文凭。他在传播有关中国知识和中国的文化方面做了不少

罗明与儿女

工作，目前在罗马尼亚的广播电视机构工作。他还曾经主持过一个教汉语的节目，对中国、对北京语言学院的感情都很深。他还曾和法国留学生同学车玉国在侯跃文、石富宽指点下成为第一对说相声的"老外"。从北京语言学院本科毕业后，罗阳成了中罗友谊的使者，为50多个代表团做翻译，撰写和翻译的60多篇介绍中国和罗马尼亚的文章，被称为年轻的汉学家。罗阳有两个女儿，今年一个4岁，一个9岁。她们对中国很感兴趣，很喜欢中国。我希望她们能够很好地了解中国，将来也到中国去，成为我们家第三代中国留学生。

萨安娜：我女儿叫达迪亚娜。她很小就会说中文，因为她是在中国出生的，中文实际上成了她的母语。我们刚回到罗马尼亚的时候，她知道的罗文的句子很少。有一天，她从幼儿园回来问我："妈妈，我到底是哪国人？我在中国的时候，人们叫我小外国人。我回到了罗马尼亚，人们又叫我小中国人。"所以，她一开始就对中国有很深厚的感情，我们每次去中国都带她。我们从澳大利亚回来，她要考英语系，因为她在澳大利亚读了三年

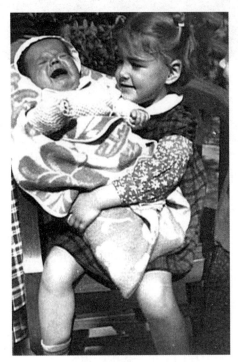

姐弟俩

中学，英文水平是很高的。可很奇怪的是，她没考上，这也是罗马尼亚教育制度的一个奇怪的现象。所以，我们就想办法让她去中国学习，那个时候是教育部的一个同志帮我们解决了这个问题。她是1973年去的北京大学，先学了一年语言，后来也在历史系学习。可是，她留学的时候正值中国搞"文化大革命"，也没有正式上什么课。可是，她放假回来还很高兴。我问她用的什么样的历史教科书。她说："我们不需要别人写的书，教科书由我们学生自己写，我写的是太平天国的那部分。"那时候，她与其他同学一起都被下放到大兴，在那劳动，完全跟中国同学在一起生活。她在中国留学的时候，认识了她的丈夫维奥雷尔·伊斯蒂奇瓦亚。伊斯蒂奇瓦亚那时在南开大学学习。我还记得，1975年，女儿打来电报说他们想结婚，问我们是否同意。她还特别告诉我们："伊斯蒂奇瓦亚很像我爸爸，所以，我很喜欢他。"我和罗明都尊重女儿的选择。但是，罗明还提出了一个要求，让他同时也采用我们的姓氏。所以，女婿的名字就成了Viorel Isticioaia-Budura，很多人都以为他是我们的儿子呢。从那时起，我们就有这样一种想法，把他当成我们的儿子，让他与我们女儿一起继续从事我们的事业。1976年，他们结婚了，他们是很好的一对孩子，我和女婿感情非常好。那个时候由于罗明的情况，他们也面临着许多困难，很多人对他们都很不好。另外，那时齐奥塞斯库规定,大学毕业生先要下放到基层工作四年。可是,四年之后,学生们脑子还有什么？什么也没有了。好在外交部很需要他们,所以,1985年他们就被派到驻中国大使馆工作,直到1990年才回来。他们的女儿小安娜一直由我带着。2002年,我女婿被任命为罗马尼亚驻华大使,女儿也在使馆里当文化参赞。他们都是很努力的孩子,在这8年做了很多对中罗关系非常有用的工作。

达迪亚娜：我的中文名字叫罗家幸,从我们一家人的名字上的确能看出一种情结。但是,我不像我爸爸和罗阳,我的这个中国名不怎么用,因为容易产生误会。上大学的时候,我们用的名字就是音译过来的,

伊斯蒂奇瓦亚大使夫妇与作者合影

第八章 传承父母事业的子女 | 259

我就叫达迪亚娜。我和弟弟都生在北京，从小也是在北京长大，1959年第一次随父母回罗马尼亚的时候已经6岁了。我在中国度过了自己的童年，虽然记不起整个孩提时代的事情，但有一些还是忘不掉的。你已经知道，我父母是新中国成立以后第一批到中国的罗马尼亚留学生，先后在清华大学和北京大学学习。他们在中国恋爱和结婚。生下我的时候，他们都还都是大学生，当时学习非常忙，没法照顾我。所以，他们就城里请了一个保姆来照看我。这个保姆叫吴爱荣，关于她，我爸爸妈妈已经对你讲了一些。我跟保姆在城里住，父母则住在大学里面。这样，我就天天和保姆在一起，她像我的亲生奶奶一样，给我做饭、洗衣服。她也是我的第一个老师，她教我北京话，因为她是北京人，北京口音非常标准。我记得，她总给我讲故事，后来也跟我一起看小人书。我从她那里知道了孙悟空大闹天宫，也听到了《三国演义》的故事。所以，我的第一语言不是罗马尼亚语而是汉语。我一直到6岁都只能说中文。回国后，我们在家里还都说中文。我回到罗马尼亚后，很快就要上小学了，但都不怎么会说罗文，大家叫我"小中国人"。还有人说，我小时候长得也有点像中国人。

我的童年和中国小朋友的一样，有一样的玩具，看一样的电影。说到玩具，我最喜欢的是毛猴之家，它是中国的一个民间艺术。匠人可能是用虫子的身体和爪子做的一个很小的猴子，那些猴子有的吃糖葫芦，有的在路上玩，非常有趣。当时中国的动画片非常美丽，有一个是《鲤鱼跃龙门》，内容很生动，我现在还记得非常清楚。如今，我一看到迪士尼的电影或者动画片，总是想起来50年代我看到的中国动画片，那真的是非常美。还有一件事，我记得非常清楚。1957~1959年，我上的幼儿园是邵力子的夫人创办的。有一天，中央人民广播电台的记者来采访小朋友们对中国的历史是否了解。他们看到我是一个"小洋娃娃"，又会说汉语，就问我："你知道台湾吗？"我说："我知道，台湾是我们祖国的一部分。"记者们都乐了，夸我说得对。那时，在我的幼小心灵中，中国就是我的祖国。这些与我父母的影响是分不开的。我父母早期的一些工作可能也加深了我对中国的感情，他们在业务上所做的一切，始终都是我的榜样，我从他们身上学了不少东西。我小的时候父母非常忙，他们在早上6点半就得起床。当时没有电视，他们就听广播电台，6点半有新闻，而且是最主要的新闻，每一个懂汉语的外交官都要听。爸爸妈妈的卧室里有一个老式的收音机。我除了跟着听新闻外，还常常用它听音乐，那些音乐我现在都很想念。所以，我从很小就了解中国和罗马尼亚之间有良好的关系，知道中国的领导人毛泽东、周恩来、邓小平都很重视和罗马尼亚的关系，发展两国之间的关系。

我第一次回中国是1961年，待到1963年。在这期间，我上的是苏联小学，而罗阳上的是苏联幼儿园。第二次到中国是1973年冬天，当时我19岁。1969年，我随父母去了澳大利亚，在那里学习了英语。回到罗马尼亚之后，我曾想考大学英语系，但没有考上。于是，我就跟我父母提出来想到中国去学习，他们很高兴。那时正是"文化大革命"后期，中国又开始接收外国留学生，我也正好赶上了。所以，到中国后，我先学习一段时间的基础汉语。我因为提出要学中国历史，所以就被分派到北京大学历史系。和我母亲学的正好是一个专业，她是在30年以前进入北京大学历史系学习的。当然，时代不一样。当时中国正在搞"文化大革命"，与她在中国的经历就大不一样了，我的大学经历也是很特殊的。我1973年到的北京，到1978年毕业，回到罗马尼亚，在中国待了整整五年。

对在北京大学历史系读书的那段期间，我也有许多难以忘怀的记忆。由于那时中国正在进行"文化大革命"，所以，我在上学的时候并没有什么历史教科书。但是，我们去新华书店的时候，可以看到很多历史方面的书，从皇帝的生活到各个朝代的情况都有。这说明在"文化大革命"时期，中国的历史学家依然没有放弃他们的研究，克服了很多困难。那时候，我们学习时能够参考的材料特别少，连图书馆也关闭了。1978年，北京大学新图书馆开始启用了，但相当一部分书还是不能借。能借出来的那一部分书，打开后有很多内容都涂黑了。所以，我对中国历史学家所做的工作，对他们的坚强感到非常钦佩。

伊斯蒂奇瓦亚：我是1973年11月11日到达北京的。那一年，罗马尼亚外交部到我们大学招人，问大学生中有没有想去中国学习中国的文化、语言的。我首先举手报名，因为我对孔子和孟子的哲学思想特别感兴趣。所以，我来之前就已经跟外交部签合同了，毕业之后到外交部工作。因此，我在读书期间实际上算半个外交官了，当然非常骄傲。能当一个外交官很不简单，我感到自己非常有前途。坦率地说，我从一开始就知道我到中国留学就是为了促进罗中友好关系的发展。手续都办好后，我就来到了中国，先在北京语言学院学了差不多一年的汉语。我们这一批来自各国的留学生有17人，来自罗马尼亚的除我之外还有一个男同学。刚来时，我对当时中国国内的情况不是很了解，觉得中国和罗马尼亚很不一样，有些事情我并不太明白。我出国之前已经在罗马尼亚布加勒斯特大学哲学系读书了，熟悉校园气氛。但到中国之后，我们感受的是另外一种校园环境。比如，图书馆不开放，学生不能进去借书。我们那时候就不明白这是为什么。没人告诉我们，大使馆的人也没说。所以，有一些留学生就给校长写了一封信，要求开放图书馆。第二天，学校留学生办公室马上就派人与我们联系，说这种行为是干涉中国的内政。后来，我们才逐渐地了解了"文化大革命"的情况和背景。不过，有些事情还是非常愉快的，老师对我们非常热情，给我们上课的老师都非常好，很热情。因此，尽管很多事情不适应，包括留学生的学习和生活条件也比较艰苦，但是，大家都能克服。

我在语言学院度过的时间不是很长，从1973年11月到1974年6月份，但这对我们增进感情和提高基础汉语水平有很大的帮助。那时，语言学院在对外国留学生教授汉语和中国文学方面还没什么经验。所以，在教学过程中，老师们也有很多困难，有很多事情他们也不能给我们介绍，留学生也不太理解中国政治局面，当时总的背景对我们的教学气氛、过程有一定的干扰。当然，我们遇到的困难也不是最严重的，最严重的还是中国人民遭遇的很多困难。在当时那种特殊的时期，中国的教师和同学都尽最大努力帮助和保护我们这些留学生，把我们在学习上受到的干扰和生活上碰到的困难降到最低。

1974年9月，我到了南开大学中文系。1976年7月唐山大地震后，我又到了北京大学中文系。不过，那时我们虽然进了北大，但还是南开大学的学生，南开大学的老师也跟我们过去了。从这个角度说，我很幸运有机会在三个不同的大学里学习。

南开大学和语言学院大不一样。尽管"文化大革命"还没有结束，但是，气氛已经平静了一些，给我们教书的老师都是很有经验的。我还清楚地记得，教我们古代汉语的老师以前在印度和其他一些国家教过书。因此，他的授课方法是很高明的，他的汉字写得比印刷的更整齐、更好看。教我们中共党史的老师以前是宣传部的干部，"文化大革命"当中挨了整，后来也被平反了。他也是一个非常好的老师，但本来不是大学教授。在专业学习方面，"文化大革命"期间不允许教别的，老师们只能教一些毛泽东诗词、鲁迅杂文。1977年到北大后，我才学了一些别的，像巴金、老舍的作品，后来我还把茅盾的《子夜》翻成了罗马尼亚文。因此，我们也成为了"文化大革命"的见证人，也看到了"文化大革命"后期中国发生的初步变化，包括教学方面的改革。

我在南开大学的两年是非常好的，但也有一些不愉快的时刻。我记得，周恩来总理去世的时候，我们留学生都把周总理作为中国的领袖，也当做我们罗马尼亚人民的朋友。当时，我们很想悼念他。那时候尽管我们手里的钱不多，但还是凑钱买了一些花，想在我们教室里安排一个角落搞一次纪念周恩来总理的活动。但是，留办的人说我们不应该这么做，把我们买的花都没收了。后来我们知道，不是学校领导不让我们那样做，而是当时的政治情况就是这样的。我们那时候不理解,感到很遗憾。在南开大学学习的时候,我非常喜欢体育运动,还代表南开大学参加了在天津举办的大学生运动会。所以,我跟老师和同学过的还是很愉快的,生活非常活跃,还被邀请参加了军训。学校对留学生特别好,给我们安排了特别的食堂。我还记得,每天早晨,学校食堂的师傅都问我们外国学生当天想吃什么菜,他们尽可能让我们满意。每当有留学生过生日的时候,老师们都为我们准备好生日蛋糕。我那时候参加体育运动,学校多给了我一些饭票,让我能吃得更好,此外还为我提供了运动服。

在南开大学读书的时候,我们留学生经常和中国同学一起出去参观考察,不仅在市内,也到其他地方去。天津是一个非常美丽的城市,在一定程度上不仅有带着中国特色的老建筑,还有当时租界的外国风格的建筑,它把中西建筑风格结合在一起。它很像我的家乡,与我出生的城市差不多,有的街道尤其像。我们还到城郊的农村参观。当时,中国农村的生活比较简单,也很艰苦,但农民对我们非常热情。我们去的时候,他们都把自己做的馒头给我们品尝。农村的生活和农民自己产的东西——白薯、玉米面——也同我们家里的有一些相似。最重要的是,他们对我们的热情使我们难以忘怀。

1976年夏天,我们像其他暑假一样都到外地进行社会调查。那年，我们就去了唐山，参观了煤矿、瓷器厂等。去了一个星期后，罗马尼亚大使馆就来电话，要我们回去参加罗马尼亚年度留学生大会，让我作专门的汇报，讲述在中国的情况。我马上向我们的老师报告，刚好那时我们的参观也快结束了。于是，我就和其他国家的留学生先回北京，一两天之后，我就回罗马尼亚了。可是，我刚回到布加勒斯特就看到报纸上的大标题：唐山发生了大地震。

由于南开大学被地震破坏得很厉害，为了保证留学生的安全，学校领导把我们转移到了北京大学。我们非常高兴，因为在我们的心目中，北京大学是中国最有权威的高等学府。所以，暑假结束后，我们就和老师们直接去北大了。北大当时也受到地震的一些影响，很多人都住在防震的帐篷里。当时有不少在北京大学读书的外国留学生，其中有的已经结婚了。1976年5月，我和达迪亚娜在罗马尼亚大使馆举行了婚礼。还有一对比利时留学生也结婚了。所以，学校不让我们住单身宿舍，最后住在了27楼。当时，那幢楼里面空空的，只有我们两对夫妇和历史系的一个老师。到北京大学后，我们就同老师商量，希望再学一些以前不让教的东西，比如说巴金的作品。因此，在北大的最后一年，我们也上了其他的一些课程。我知道毕业之后就要做翻译方面的工作，因此，就尝试把一些中国文学作品翻为罗马尼亚文。我就选择了茅盾的《子夜》，这部小说反映了30年代上海的社会状况。我认为这部小说不仅在文学上有很高的水平，而且在内容上对罗马尼亚比较有意义。开始时，我们三个同学一起做这件事，每人翻译一部分。但是，我对翻译的结果不满意，决定把整个小说再重新翻译一遍，并进行一些修改。北京的夏天很热，我就在晚上用一台老式的打字机来做这项工作。开始时的进展比较慢，但翻译到后面，我的速度就变得非常快，逐渐地熟悉了作者的文笔，有时候一夜就可以翻译十几页。后来开始工作了，我就没什么时间再做翻译了。1984年，罗马尼亚世界文学出版社出版了这本书，当时，我也不知道这本书的反响怎么样。有一年，一次偶然的机会，我在北京外国语大学参加一个罗中文学作品翻译研讨会，前来参会的罗马尼亚布加勒斯特大学的中文教研室主任来告诉我，他们用我翻译的这本书作为教材。这说明我翻译的质量还是不错的，我得感谢我在南开大学和北京大学的老师们。

1977年，我毕业了。从1978年到2011年年初，我一直在罗马尼亚外交部工作，如今在欧盟对外行动署负责亚太方面的事务。从1978年到1985年，我是外交部中国科的科员，主要任务是作为翻译，陪同来访的政治方面的代表团。我很幸运，在这些年里，陪同过中国很多很重要的领导人，如李先念主席、杨尚昆主席、胡耀邦总书记、王兆国、李克强、刘延东、宋德福等领导。1986年，胡锦涛作为团中央第一书记在北京会见了150个罗马尼亚友好青年，我和达迪亚娜都做了翻译。还有很多部长级的领导我也陪同过，特别是当时的电子工业部部长江泽民，我多次陪同。江泽民主席60年代做过中国专家组总组长，指导和协调所有中国专家在罗马尼亚的工作。因此，江泽民同志对我本人有非常大的影响。在如何加强罗中关系的发展，如何促进经济方面的交往等方面，我从他身上学到了很多东西。江泽民从中央调到上海当市长后，我还多次陪同认识他的一些罗马尼亚部长专程到上海拜会他。虽然很忙、很累，但是，我非常高兴能经常出门陪同中国代表团。因为好多年在中国，回到祖国以后，我竟然对罗马尼亚的情况不是很了解。另外，我一直在读书，外出的机会也不多。所以，陪同中国代表团外出参观对我来说就是一个很好的机会，可以进一步了解我的国家。当时，每一个接待单位都给中国代表团安排去最好的地方，或者自然风光很美，或者有重要的工业项目。这些也有助我进一步了解中国人的思想和发展战略。

1985年到1990年，我和达迪亚娜被派到了驻华使馆，负责新闻工作。那是中国发展非常好的一个时期，改革开放的成果已经很明显了。作为"文化大命革"后期的目击者，我们因此切身感受到了中国的新变化，见证了中国改革开放、经济建设、提高生活水平上的成果，而且我们也享受了这些成果。比如，以前我在中国读书时总爱开夜车，需要喝咖啡提提神。但是，那时要出去喝杯咖啡，恐怕是非常难的，天津只有一个地方有咖啡厅，而北京也只是像北京饭店、华侨饭店才有咖啡厅。然而，再来到北京的时候，到处都可以喝到咖啡，吃到奶酪。

这5年对我们来说是非常愉快的，我陪同了很多访问中国的罗马尼亚领导人，其中，1985年10月和1988年10月两次陪同了齐奥塞斯库和他的夫人访问中国。1990年以后，我先后在罗马尼亚驻日本、英国和韩国等国大使馆工作。

2002年我被任命为罗马尼亚驻华大使，10月22日到达北京。这时的北京已经发生了翻天覆地的变化。你知道，谁出门迷路都会不高兴。但是，我们相反，在北京一迷路就觉得很高兴。为什么？我觉得周围都是新鲜的，因为我和达迪亚娜一直觉得自己是老北京人，可一出门以后就觉得这个地方变了，过了两个马路就不知道往哪儿走了。我们离开中国才12年，但这12年的变化太大了。北京市的建设和发展的速度太快了，实在很了不起。北京从社会发展的提高来看，已经达到了国际水平。11月21日，我向江泽民主席递交了国书。1990年后，我就再没有见过江泽民先生。这次他见到我非常高兴，用罗语跟我交谈，回忆了他访问罗马尼亚的一些情景。他还问了我许多关于罗马尼亚工业、经济方面的情况。我感到，江泽民主席那时候对罗马尼亚的印象非常深。2003年3月底，胡锦涛当选为中共中央总书记和国家主席后首次接见外交使团。交谈中，我以罗马尼亚大使的身份向他转达了罗马尼亚总统的祝贺和问候，胡锦涛主席回顾了我们以前的接触，表示支持进一步发展罗中关系。所以，我很幸运，认识了中国很多前一代的和现在的领导人。2009年11月，在庆祝罗中建交60周年的时候，中国国家副主席习近平率团来罗马尼亚访问，参加庆祝活动。我全程陪同，因此也结识了中国未来一代的领导人。

我在北京当了8年大使，罗中关系在这期间得到了不断的发展，这主要是因为两国领导人的关怀。在很大程度上，是他们推动了两国的政治对话，加强了政治互信。由于中国朋友的帮助，我们在罗中55周年和60周年时搞的庆祝活动规模很大，影响也很大。另外，在我任大使期间，罗中两国年度贸易额从不到三亿美元增长到六十多亿美元。中国对罗马尼亚的投资也有大幅度的增长。从中国离任后，我被派到布鲁塞尔欧盟对外行动署工作，负责同亚洲国家的关系。他们之所以选择我，就是因为他们看到了我对亚洲特别是对中国有一定的了解，认为我的经验对进一步发展同中国的关系是非常有用的。

达迪亚娜：我们不仅经历了中国的"文化大革命"，也经历了中国的改革开放年代。我们都很拥护中国走的改革开放的道路，觉得你们做的这一切都是顺应民意的，也希望我们自己的国家能走上这样的道路。那时候罗马尼亚也是社会主义国家，中国做的这些都是在社会主义制度范围之内的变化。我们使馆的外交官都非常希望罗马尼亚的领导人能来中国学习一些新的经验，那时候罗马尼亚已经进入了一个非常困难的时期。但是，齐奥塞斯库不再接受任何改革思想，就连我们给国内发的报告都不允许再提改革。所以，我们以后写的东西都没有"改革"这个词了。

我们经常把我们在中国上学的那一阶段和在大使馆工作的阶段作比较，中国的变化是非常明显的。中国的这些变化都是非常值得称赞的。中国当时的变化是全方位的，比如，在日常生活中，女性可以随意穿衣服了，不像"文化大革命"时期只能穿灰蓝黑等两三个颜色的衣服。商店里的商品也变得非常丰富了，开始进口一些外国品牌的商品。这些变化的速度非常快。我们每年都休一次假回家，6月底走，8月初回来。虽然只有一个月的时间，但是，北京已经有些地方我们认不出来了，已经有新楼盖成了，速度是非常非常快的。这也是值得钦佩的地方。

但是，我们使馆人员当时的情况都不怎么好。罗马尼亚国内的经济情况越来越差了，正好跟你们相反。中国60年代初不是有饥荒吗，当时你们的商店里没有东西，外国人在友谊商店只可以买到面粉、油、米、一点黄油、奶酪等。那时候，罗马尼亚国内情况非常好，所以，罗马尼亚驻华使馆的工作人员就通过火车从国内拉来一些果酱、意大利面、饼干，还有各种可以放置的、不怕坏的东西。但是，在1985~1990年间，罗马尼亚和中国的情况正好反过来了。从1974年开始，每个星期有一架从罗马尼亚直接到中国的航班，每个星期一到，星期二下午飞回去。所以，我们就在星期一拼命买一些东西，星期二用飞机运回去，主要是果珍、香蕉、巧克力、饼干还有一些做中国菜的原料等。那是一个痛苦的时期，因为我们这有很多东西，但家里的孩子却吃不上。

幸运的是，那个时候，罗中两国之间的关系还是很好的，有比较多的来往，有很多经济、文化项目。当时在驻华使馆，只有我和我丈夫懂汉语，有大量的工作都需要懂中文的人去做。那个时候的情况跟现在差不多，不会中文在中国就不是很容易。所以，我们当时的工作就非常忙，从早上六点半开始听广播，到晚上九、十点。我们很年轻，可以承受。那时候，有很多代表团来访。当时，罗中两国科技、经济方面的合作项目多，而文化方面的很少。但是，一些项目在执行中出现很多问题，但总的来讲还是有很多经济效益的。罗中两国之间的往来有很丰富的内容。我们虽然很累，但也值得。

1989年12月，罗马尼亚发生剧变时，我们刚好在中国。但是，这个事件对我们的工作、对中国和罗马尼亚的关系并没有什么影响。那时候我们在使馆也很关心国内的事情。齐奥塞斯库政权垮台了，但新的机构第二天就建立起来了。就拿我们外交部来说吧，从25日齐奥塞斯库被枪毙到30日，这几天比较模糊，但是正值圣诞节，整个工作都轻松一些。但是，我记得是12月31日就已经有了新的部长。

罗阳：我1957年8月12日出生在北京，地点是协和医院。我最初的记忆就是北京的味道。所以，每次到北京都让我感觉是回到了家。后来，我发现每个国家都有自己的一种特殊的味道，我把它叫做国民味儿。比如说，俄罗斯有一种烤面包的味道，芬兰、挪威、瑞典有一种奶酪的味道。

1959年，我随父母回到罗马尼亚，当时我还不会说罗马尼亚话，只会说中文。在和别人交流的时候，一般都是由姐姐给我当翻译。可是，有时候我跟姐姐闹别扭，她就不帮我翻译。那些不会说中文的长辈就问姐姐："他要的是什么？我们听不懂他说的话。"姐姐就偏不给告诉他们，于是，我在地上打滚，特别不高兴。

罗明夫妇与罗阳一家

采访罗阳

但是，谁也听不懂我说的话。后来经过我再三请求，姐姐还是帮我翻译了。1961年，我们一家又到了北京，1964年回到罗马尼亚，在1979年来中国留学之前，我一直都在罗马尼亚。在这期间，我学的中文逐渐又都忘了，孩子学得快忘得也快。所以，我要去中国留学的时候，汉语基本上是从零开始的。但是，我与中国是有缘分的，我的第一口气毕竟是在中国呼吸的，有很多在基因里面的回忆，很快就浮现出来了。所以，我中文学得很快，语音也很正。

1979年到1983年，我在北京语言学院学习。那是我一生中过得最开心的时候。当时我在经济方面有一些困难，钱不多，尤其是冬天的时候连饭票的花销都要算得特别细，不能超过，一超过就乱了。但是，我过得特别开心。开始时，我是以进修生身份到北京语言学院留学的，后来转为本科生，因为当时中国和罗马尼亚已经不互派学生了。罗马尼亚政府感到派出的学生回国后思想受了影响，不利于罗马尼亚的社会发展，所以不能派人到国外学习。但是，我还是来到中国留学，这是全靠我爸爸的努力，也是党的一些负责人有远见。他们也可以说为中罗友谊作了贡献，因为要促进友谊、促进了解、促进经济交流，培养人才是关键的。

萨安娜： 我打断你们一下，给你讲讲罗阳学习中文的故事和去中国留学前遇到的曲折。中学毕业后，罗阳就参军了,当时是义务兵。暑期休假的时候,罗阳决定学中文,我们一家住进了离兵营不远的一家饭店。他开始跟他爸爸学中文。你知道,罗明当然对发音的要求是非常严格的,因为我们当初就是这样学出来的。不过,罗阳学得也很努力。1978年的整个暑假,我们一家把主要精力就放在了罗阳学汉语这件事上。每天清晨,他们俩起床后就出去找一个比较凉快、没有人干扰的地方,一直学到中午,中午回来吃了饭休息一会又走了。他们两个人从早学到晚,我一个人在饭店里待着没事干。本来还想着三个人一起散散步,结果也没能实现。

罗阳:那个地方很美。我们上个礼拜又去了那一带,还路过我们当初住的那个饭店。不过,它现在已经

罗阳夫妇

关闭了，全都破败了，没人照管。到了我这个年龄，触景生情，心里还挺不是滋味的。就是在这个暑假里，我就把两本汉语基础课学完了，掌握得非常好，爸爸很满意。我参加了留学考试，没有谁比我考得再好的了，但恰恰就我没考上。那个时候，罗马尼亚的各种升学复学习、辅导和考试都是由一些人控制的，但我想靠自己的本事，不通过"关系"。我没有加入他们组织的考试，是凭自己的本事考。但是，他们就没让我通过考试，留不了学。我没能通过考试当然很伤心。所以，我爸爸就想别的办法。当时，我爸爸刚好准备去罗马尼亚驻华大使馆工作。在这种情况下，我爸爸就说服了新任大使带我去北京，到北京去上学。

罗明：我也不愿意这样做，但没有办法。其实，我觉得我当时走后门还是有一定的道理的，后来看更是做得对。我早就跟许多领导人很熟悉，当时的教育部部长也是我所熟悉的领导人。他那时比较年轻，前年才去世的。最近几年，我一直跟他在一起，他把我当成他的朋友。那时候，我去他的办公室，把罗阳的事情对他讲了，希望他能帮助。他同意罗阳出国留学，到北京语言学院学习。但是，开始时，罗阳只能算是预科。学了一年之后，他向学校提出申请，北京语言学院根据他的要求和汉语水平接受他为正式的学生。当时，罗马尼亚教育部长也在中国访问。我就说："让罗阳留学中国学习吧，作为政府、国家派来的留学生。"部长一下子就同意了，这样就彻底解决了罗阳到中国学习的问题。

罗阳：我在北京语言学院的四年学的是中国现代汉语专业。1983年，我从北京语言学院毕业，获得了学士学位，1983年回到了罗马尼亚。在读书期间，我不得不克服一些生活方面的困难。特别是第一年，我的生活费问题并没有得到解决，那是过渡性的一年。那时，我父母把列伊换成人民币，通过罗马尼亚银行汇到中国银行。在当时比较封闭的罗马尼亚，这是件非常了不起的事情，因为他们的工资也是不多的。所以，我把饭票分得很清楚，早饭是一个炸糕和一杯茶，中午是一个菜一份米饭，当时一个月的生活费不到100块人民币。这对一个留学生来说是很少的。我父母知道了这种情况之后，就从罗马尼亚寄东西给我。后来，这个问题得到了解决。中国政府给了我助学金，一个月是330块，再加上家里给的钱，我的生活情况就好多了。我后来还攒钱买了一些磁带，并且买了一件中国的棉大衣。那个时候在中国的留学生还不是很多，以后来了几个东德的留学生和苏联的留学生。苏联留学生经常喝酒打架，谁都怕他们。但是，蒙古的留学生就不怕他们。有一次，苏联留学生和蒙古留学生发生纠纷，蒙古学生个子虽然矮但全身都是肌肉，一拳就把苏联人打出了几米。罗马尼亚的留学生开始时只有我一个，后来又来了一个。1991年

第八章 传承父母事业的子女 | 279

本书编著者与罗明夫妇、罗阳夫妇

我在北京语言学院攻读硕士学位的时候就有其他的罗马尼亚留学生了，此外还有苏联、捷克、东德的留学生。

从北京语言学院毕业回到罗马尼亚之后，1983年至1991年，我在罗马尼亚画报社中文版做文字翻译工作。在这期间，我采访了一些中国人，写了不少与中国有关系的论文和介绍中国情况的文章。此外，我还通过翻译中国现代文学作品向罗马尼亚读者介绍中国的文学。1986年，我开始和另一位诗人亚历山大·德鲁翻译《中国现代当代诗选》。这本诗集里面最早的诗写于1911年，最晚的写于1989年。这本书的罗马尼亚文版是1990年出的，共300页，发行了8万多册。正是在翻译这本书的时候，我结识了我的太太。所以，我们相爱也和中国有关系。我和我太太一起去过两次中国，她特别喜欢中国。这是很奇怪的，我有时就想她前生可能也是中国人，她的中文名字叫艾德丽。

1989年12月，罗马尼亚的政局发生了变化，我的工作也必须改变。没过多久，1991年，我很高兴又回到北京语言学院，这次是攻读硕士学位，研究方向是现代汉语和古文。1993年毕业时，我想继续留校读书，因为我舍不得离开中国，在中国学习和生活对我来说是非常愉快和充满意义的。本来，我想长期留在中国，可我在罗马尼亚有自己的小家庭，在中国又不可能逗留太长的时间。1993年到1994年，我争取到了攻读文学博士学位的资格，当时语言学院刚开博士班。读了两年，家里给我打电话，说我离开的时间太长了，必须回来。没有办法，我只好暂停攻读博士学位，回到罗马尼亚。回国后，我于1996年开始在罗马尼亚广播电台做责任编辑。1989年之后，很多罗马尼亚人对中国的看法有所改变。为什么会这样？主要原因是罗马尼亚新闻媒介的西方化，以负面消息为主。但是，有一段时间，特别是1990年以后，很多没有价值的信息占主要地位，有关中国的报道多是负面的。所以，我通过杂志、报纸、电视和广播节目做了不少介绍中国情况的工作，包括历史、传统、哲学、经济、金融等各方面的知识。其中，有一个叫做"中央的国土"的系列广播节目。这个节目是半个小时，里面有中国地理知识、中国文化知识、中国历史知识、中国人物，还有简单的汉语课。这个系列节目的影响还是比较大的，我没想到的是很多罗马尼亚人都愿意听中国的消息。很多人说我出生在中国，当然对中国有好感。我给他们举出了实际例子，如中国经济进步有多快，铁路建设速度有多快、质量有多好，所有这些都是具体的证据。

除了上面说的之外，1996年到1999年，我还在自己家开办了一个中文学习班，位置在布加勒斯特阿尔巴尤利亚广场的公寓楼里。罗马尼亚人对汉字有非常强烈的好奇心，觉得它们都是象形的。但是，学习起来应当很努力。开始有6个人，后来增加到12个人。课本是我给他们复印的，每周上两次，每次两个钟头。说实在的，他们学得比较吃力，我觉得任何一种语言，特别是汉语，必须有一个全方位的语言环境。

最后我想谈谈对我父母的看法。我先说我爸爸。我觉得他为中罗关系的发展做了很多事情，确实是很了不起的。罗马尼亚作为中间人，协调中国同苏联，中国同美国的关系，我爸爸从中也做了不少工作。我还记得，那个时候，父亲常常不在家，有时过了三天四天甚至一个礼拜才回来。我们都不知道他去哪儿了，过了许久才知道他陪罗马尼亚代表团到中国协助调解中国和苏联的关系。他做的工作是比较重要的。好多年过去了，国家在变化，人在变化，老一代过去了，新一代来了，只有让历史来评价他们的工作。幸亏有您通过口述历史的方式把他们的经历写出来，留给后人看。说不定将来某一天有个年轻人想研究这方面的情况，他就会看到您的书，会写一篇很出色的博士论文。我觉得您做的这个项目是很重要的。现在很多人都重视经济效益，生活节奏特别快，而留给自己的时间越来越少。这样的生活会使人产生一种空虚感。人必须留给自己一些时间，考虑到底什么是有价值的，什么是有意义的。很多人都不考虑自己的生活有没有意义，要做些什么事情。所以，我觉得您做的这样项目是非常有价值的，它可以让人们慢下脚步，知道那些默默无闻的人为国家、为世界作了什么贡献。我父母他们就好比是菜里的盐，虽然不是什么了不起的作料，但是极其重要的。世界现在处在一种危机之中，这种危机是超过了金融危机，是一种意识、认识上的危机。我们的生活要改变，国家不能只考虑物品的产量是否提高了，还要看民众生活的质量提高了没有。生活的质量不仅仅是钱的问题，更重要的是人际关系的质量。我爸爸妈妈一生致力于搭建罗马尼亚人民和中国人民之间的友好桥梁，这是有价值的人生，有质量的生活。

我妈妈就像我前面说的那样，就像是菜里的盐。她为我们做了好多好多不可缺少的事情，她不仅是我的母亲，而且是我最好的朋友。我爸爸也是这样。人人都有父母，但是，父母能够做孩子的知心朋友是比较难的。我母亲对我和姐姐来说，是理想的母亲，我们要什么她都会给我们什么。当然，如果我们的要求过分了，她会向我们解释这些要求为什么是过分的。我想把他们做父母的准则继承下来，像他们对待我们那样对待我自己的两个女儿。作为父母，关键的是要有爱和耐心。

致　谢

没有众多人的参与、支持和帮助，这本口述史是难以完成的。在布加勒斯特的日子里，罗明先生每天早上亲自开车把我从饭店接到他家，萨安娜每天换样为我做午餐，我就像和自己的父母在一起。没有他们的全力配合，我不可能完成这项艰巨的任务。中国驻罗使馆教育处官员卞正东不仅多次往返机场接送我，帮我扫描老照片，而且和家人一起在生活上关照我。我对罗明和萨安娜成功的采访，与正东的帮助是分不开的。在口述后期整理过程中，北大国际合作部和学校领导给了我极大的支持。夏红卫部长指示国际合作部专门向学校写了签报，周其凤、吴志攀、王恩哥、刘伟、李岩松等学校领导都在签报上的批示中表示支持并划拨校长基金来资助这个项目。感谢萨安娜的大学同窗、北大教授马克垚和耿引曾夫妇。对他们的采访进一步丰富了我对罗明和萨安娜的认识。本书在出版过程中，国际合作部的夏红卫部长、陈峦明先生，北京大学出版社的丁超先生、周彬编辑、张弘泓编辑都付出心血。

对于上述以及没有提到的许多关心和帮助我的领导和朋友，我深表感谢。

孔寒冰
2015年8月于五道口寓所